Xuewu Gu

Die Große Mauer in den Köpfen

Schriftenreihe   Band 1482

Xuewu Gu

Die Große Mauer in den Köpfen

China, der Westen und
die Suche nach Verständigung

Bundeszentrale für
politische Bildung

Xuewu Gu ist Politikwissenschaftler. Er studierte an den Universitäten Wuhan, Köln und Bonn, promovierte 1990 in Bonn und habilitierte sich 1997 in Freiburg. Gu lehrte in Freiburg, Trier und Bonn. Seit 2009 ist er Inhaber des Lehrstuhls für Internationale Beziehungen und Direktor des Center for Global Studies an der Rheinischen Friedrich-Wilhelms-Universität Bonn.

Diese Veröffentlichung stellt keine Meinungsäußerung der Bundeszentrale für politische Bildung dar. Für die inhaltlichen Aussagen trägt der Autor die Verantwortung.

Bonn 2014
Lizenzausgabe für die Bundeszentrale für politische Bildung
Adenauerallee 86, 53113 Bonn

© edition Körber Stiftung, Hamburg 2014

Umschlaggestaltung: Naumilkat – Agentur für Kommunikation und Design, Düsseldorf
Umschlagfoto: © Blake Kent/Design Pics/Corbis. Flughafen Beijing, China

Herstellung: Das Herstellungsbüro, Hamburg
Druck und Bindung: CPI – Clausen & Bosse, Leck

ISBN 978-3-8389-0482-5

www.bpb.de

Meinen Kindern
Weilong Michael und Weiting Melanie

Inhalt

Vorwort 9

1 Bedeutet Chinas Aufstieg den Niedergang des Westens? 13

2 Das moderne China: Produkt der Interaktion mit dem Westen 35

3 Was China und den Westen voneinander trennt 61

4 Warum wir voneinander lernen müssen 86

5 Eine Frage der Lernfähigkeit 110

6 Vom Austausch zum interkulturellen Dialog 134

7 Von der Finalität des Voneinanderlernens 154

8 Chinas strategische Ambition und die Herausforderung für den Westen 178

Danksagung 205

Literaturverzeichnis 207

Vorwort

China hat alle europäischen Mächte und Japan innerhalb des ersten Jahrzehntes dieses Jahrhunderts überholt. Und in schon absehbarer Zukunft könnte es die Vereinigten Staaten als größte Volkswirtschaft der Welt ablösen.

Sein Aufstieg zur Großmacht beunruhigt den Westen, überrascht aber auch das Reich der Mitte selbst. Er zwingt die Menschen hier wie dort, über vieles nachzudenken: über die Ursachen dieser phänomenalen Machtverschiebung, über deren Bedeutung in den westlichen und chinesischen Gesellschaften, über deren globale Auswirkungen und über die Frage der Anpassungsfähigkeit beider Seiten an die neu entstandenen Strukturen der Weltwirtschaft und Weltpolitik.

Paradoxerweise verstärkt sich die systempolitische Entfremdung zwischen China und dem Westen umso mehr, je intensiver sich ihre wirtschaftlichen und gesellschaftlichen Verbindungen verdichten. Es ist schon erstaunlich, dass sich die Situation nach mehr als 500 Jahren des Austauschs zwischen China und dem Abendland nicht wesentlich geändert hat. Das Ausmaß der chinesisch-westlichen Entfremdung, wie es in der kontroversen Beurteilung der chinesischen Entwicklung in China auf der einen und im Westen auf der anderen Seite offenbar wird, erweckt den Eindruck, als wären sich China und der Westen noch nie begegnet. Nach wie vor sind China und das Abendland nicht nur geografisch und politisch, sondern auch kulturell, psychologisch, materiell wie ideell, ja sogar mental unendlich weit voneinander entfernt.

So ist beispielsweise der Westen gar nicht begeistert von der Art und Weise, wie China seinen wirtschaftlichen und gesellschaftlichen Modernisierungsprozess politisch organisiert und vorantreibt; China hingegen ist permanent empört über die Art und Weise, wie der Westen es belehrt, seine Modernisierungshausaufgaben besser zu machen. Flankiert wird die unübersehbare politische Entfremdung durch weltanschauliches Auseinanderdriften, machtpolitische Rivalitäten und geoökonomischen Wettbewerb. Dabei wissen beide Seiten nur zu gut, dass sie schon längst im gleichen Boot sitzen – als eine »Schicksalsgemeinschaft« in der globalisierten Welt.

Woher rührt diese Entfremdung? Kann man sie durch gegenseitiges Lernen abbauen? Noch gibt es keinen philosophisch fundierten und politisch praktizierbaren Lernansatz, zumal keinen, der sich davon distanziert, dem »China-Phänomen« mit einem oberflächlichen Alarmismus oder mit grundlosem Optimismus zu begegnen.

Noch immer stehen plausible Antworten auf die Fragen nach der Notwendigkeit und Schwierigkeit, nach dem Sinn und Zweck sowie nach möglichen Wegen für ein gegenseitiges Lernen zwischen China und dem Westen aus. Der vorliegende Essay wagt sich daher an systematische Überlegungen zu den grundlegenden Fragen, um den Antworten mit quasi experimentellen Analysen zumindest ein Stück weit näher zu kommen.

Bonn-Bad Godesberg, im März 2014
Xuewu Gu

KAPITEL 1

Bedeutet Chinas Aufstieg den Niedergang des Westens?

Die weltweit anerkannten Chinaexperten der Vereinigten Staaten David Shambaugh und Stefan Halper repräsentieren die beiden unterschiedlichen westlich-intellektuellen Reaktionen auf die Machtvergrößerung der Volksrepublik China. Während Shambaugh China als »einseitige« beziehungsweise »unvollständige Macht« betrachtet, sieht Halper in Chinas autoritärem Modell das Potenzial, das 21. Jahrhundert zu beherrschen. Ihm folgt der ZEIT-Reporter Matthias Naß mit den Worten: »So wie die Globalisierung die Welt schrumpfen lässt, so lässt China den Westen schrumpfen – indem es still und leise die Ausbreitung westlicher Werte begrenzt.«[1] Letztere sind überzeugt vom definitiven Niedergang des Westens und einer Ablösung der Supermacht USA durch die Volksrepublik China. Entsprechend wird auch in deutschen Leitmedien die Abhängigkeit der Vereinigten Staaten von China räsoniert und deren Verschuldungshöchststände den welthöchsten Währungsreserven der Volksrepublik gegenübergestellt.

Die Ansicht, Europa sei als genuiner Bestandteil des Westens im Abstiegsprozess der USA inbegriffen, gehört zu dieser weitverbreiteten Niedergangsstimmung. Auch für Eberhard Sandschneider ist der »Abstieg Europas« bereits eine Tatsache. Nun komme es darauf an, wie dieser Abstieg erfolgreich zu managen sei.[2] Für ihn startete das 21. Jahrhundert mit einem langen »Jahrzehnt des Schreckens für den Westen«[3]. Seine Liste der Schrecken, die allesamt den Abstieg des Westens unter der Führung der Vereinigten Staaten beschleunigt hätten, beginnt mit der Dotcom-Blase und endet mit der schweren Weltwirtschaftskrise – dazwischen die blutigen Kriege im Irak und in Afghanistan ebenso wie die Terroranschläge in New York, Bali, London, Madrid, Moskau und Mumbai.[4]

Dagegen räumt Sandschneider nüchtern ein, dass der Aufstieg neuer Mächte ein völlig normales Phänomen der Weltpolitik sei: »Katastrophen entstehen nur dann, wenn die alten Mächte nicht bereit sind, friedlich und konstruktiv Platz zu machen und auch für sich eine neue Rolle jenseits der alten Dominanz zu finden.«[5] Daher soll die »eigentliche Aufgabe des Westens zu Beginn dieses Jahrtausends« nicht darin bestehen, »den eigenen Machtanspruch zu sichern oder gar den Aufstieg weiter zu betreiben, sondern den eigenen Abstieg so zu bewerkstelligen, dass ein neues globales Gleichgewicht zum Nutzen aller entstehen kann«[6]. In diesem Sinne lautet die Empfehlung Sandschneiders: »Heute Macht abgeben, um morgen zu gewinnen.«

Im Gegensatz dazu deutet die zweite Denkrichtung die Machtverschiebung vom Westen auf die Schwellenländer als eine »Scheinverschiebung«. In Wirklichkeit habe der Westen keine echte Macht eingebüßt. Echte Macht sei mehr in »Strukturen« zu sehen als in Form von *hard* oder *soft power*. Es handelt sich um eine Denkschule, deren Denkkategorie vom Begriff der »strukturellen Macht« geprägt ist. Dieser wurde vor 40 Jahren von der britischen Politikwissenschaftlerin Susan Strange entwickelt, um gegen die damals schon verbreitete These des Niedergangs der Vereinigten Staaten zu argumentieren. Sie spricht von struktureller Macht als einer strukturbestimmenden Fähigkeit, die Handlungsspielräume beziehungsweise Handlungsoptionen des Gegenspielers nicht sichtbar, aber effektiv zu begrenzen und dadurch Macht auszuüben. Die strukturelle Macht der USA begründet sich für sie vor allem aus der Kontrolle über die vier Schlüsselstrukturen der Weltwirtschaft und Weltpolitik: Sicherheitsstruktur, Produktionsstruktur, Finanzstruktur und Wissensstruktur. Ihre Überzeugung lautet: »Power over structures« geht über »power from resources«,[7] mit der Bedeutung, dass Macht, die auf der Kontrolle über Strukturen beruht, wirkungsvoller und langlebiger sein kann als jene, die allein im Besitz von materialen Ressourcen gründet.

Die Vertreter der Strange'schen These halten es entsprechend für reichlich übertrieben, vom Niedergang der USA beziehungsweise des Westens zu sprechen. Darunter auch Carla Norrlof in ihrer jüngst vorgelegten Studie »America's Global Advantages«. Darin negiert sie den Geist des *declinism* und erklärt, warum die amerikanische Hegemonie noch lange Zeit andauern werde: Verantwortlich hierfür seien die von der Leitwährung US-Dollar dominierten Strukturen der Weltkapitalmärkte, die Strukturen der globalisierten Wertschöpfungsketten mit deren Innovationszentren auf dem amerikanischen Boden und die Bündnisstrukturen, die die USA nach dem Zweiten Weltkrieg weltweit ausgebaut haben. Diese Strukturen verliehen den USA einen einmaligen Vorteil im Wettbewerb mit anderen Staaten um Einflüsse auf die Welt. Die sich daraus ergebende unendliche Hebelkraft soll Amerika ermöglichen, so Norrlof, von den vorhandenen weltpolitischen und weltwirtschaftlichen Strukturen über die Maßen zu profitieren und ihre langfristige Vormachtstellung in der Welt zu sichern.[8]

Weder die Aufregung über eine Vormachtstellung Chinas noch die Besorgnis über den Niedergang des Westens sind intellektuell hilfreich, weil sie schematisch und nicht synergiebewusst gedacht sind. Dadurch wird die Natur des chinesischen Aufstiegs nicht vollständig erkannt. Im Grunde stellt der Aufstieg Chinas eine Ausdehnung des kapitalistisch geprägten Wirtschaftssystems dar. Es hat sich also lediglich das Einflussgebiet des westlichen Wirtschaftssystems dramatisch vergrößert. Dadurch erhöht sich die Globalität der kapitalorientierten Produktionsart und -weise in dem Sinne, dass dieses von Karl Marx in der Theorie stark kritisierte und von Lenin und Mao Zedong in der politischen Praxis komplett verworfene System ab Anfang der 1980er-Jahre

1,34 Milliarden Menschen zusätzlich in Fernost erfasst hat. Ausgehend von Immanuel Wallersteins Verständnis des Kapitalismus als eines Wirtschaftssystems, das die »unendliche Akkumulation von Kapital«[9] ordnungspolitisch priorisiert, praktiziert China offensichtlich immer intensiver ein kapitalistisches System, auch wenn eine starke staatliche Lenkung nicht zu übersehen ist. So gesehen, stellt die Entwicklung in China eine Teilbestätigung der These Francis Fukuyamas vom »Ende der Geschichte« dar: Die Regierung in Beijing beharrt zwar nach wie vor auf dem kommunistischen Einparteiensystem und lehnt eine politische Liberalisierung kategorisch ab. Aber die Volkswirtschaft dort atmet schon längst kapitalistisch. Daher muss, um den systemischen Sieg des Westens gegenüber China hervorzuheben, nochmals bekräftigt werden: Die Durchsetzung des Kapitalismus im China der Gegenwart bedeutet definitiv das Ende der sozialistischen Planwirtschaft als Wirtschaftssystem im bevölkerungsreichsten Land der Welt. Sie markiert somit den Sieg des Westens über das Reich der Mitte, auch wenn dessen politische Führung dies offiziell nicht anerkennen will. In diesem Kontext dürfte vom Niedergang des Westens keine Rede sein.

Historisch betrachtet, ist Chinas Aufstieg zu einer führenden Wirtschaftsmacht im 21. Jahrhundert in der Tat ein einmaliges Phänomen. Zum ersten Mal in der Geschichte haben wir einen Kapitalismus, der unter der Führung von Kommunisten realisiert wird. Der Schutz des Privateigentums ist in die chinesische Verfassung eingeschrieben. Der Wettbewerb als das Leitprinzip des wirtschaftlichen Lebens setzt sich durch. Im Reich der Mitte entsteht eine regelrechte Marktwirtschaft, auch wenn Staatssektor und Privatkapital noch um die Dominanz konkurrieren. Mit Ausnahme der USA und der Europäischen Union, die aus geoökonomischen und geopolitischen Gründen noch zögern, haben sich viele Staaten dazu bereit erklärt, China den Status der Marktwirtschaft zuzuerkennen. Und selbst im politischen Washington mehren sich die Zeichen einer Anerkennung der Volksrepublik China als »Marktwirtschaft«. Dies bezeugen nicht zuletzt die umfangreichen Kooperationserklärungen, die die Regierungsvertreter beider Seiten im Auftrag der Präsidenten Barack Obama und Xi Jinping im Rahmen des sogenannten fünften strategischen Dialogs zwischen der Volksrepublik China und den USA im Juli 2013 abgegeben haben. Sollte die US-Regierung China tatsächlich bald in den Klub der Marktwirtschaften aufnehmen, würde die Europäische Union unter starken Druck geraten. Noch immer sind der EU die staatlichen Subventionen in China zu hoch und die Markttransparenz zu niedrig.

Einmalig erscheinen auch die Dauer und die Intensität des chinesischen Wirtschaftsbooms seit dem Abschied von der sozialistischen Planwirtschaft: 30 Jahre ununterbrochenes Wachstum auf einem Niveau von zehn Prozent hat es bislang noch nirgendwo in der Welt gegeben, weder in Europa und Amerika noch in Asien und Afrika – auch wenn sich die Wachstumsrate im Jahr 2013 auf 7,8 Prozent verlangsamt hat. Weder der Wirtschaftsboom der Nachkriegszeit in Deutschland noch jener in Japan haben dieses Ausmaß je erreicht. Die unmittelbar daraus resultierende Entwicklungsleistung ist beachtlich: die Überwindung der Massenarmut. Etwa 20 Millionen Menschen werden jährlich aus der Armut geholt. Dies macht etwa 90 Prozent der Erfolge der weltweiten Armutsbekämpfung aus. Nicht umsonst würdigt die Weltbank diese Entwicklung als eine Leistung für die Menschheit des 21. Jahrhunderts. Chinas Erfahrungen haben nochmals deutlich bestätigt, dass der Kapitalismus – oder positiv formuliert: die Marktwirtschaft – das einzige Wirtschaftssystem zu sein scheint, das in der Lage ist, die Armut unzähliger Menschen zu überwinden.

In der Tat ist das Reich der Mitte nun auf dem Weg, den gerade aus der Armut befreiten Menschen einen »kleinen Wohlstand« *(xiaokang)* zu sichern. 650 Millionen Landeinwohner müssen noch von Bauern zu »Nicht-Bauern« gemacht werden. Ein massiver Urbanisierungsprozess steht im Land der 1,34 Milliarden Menschen an. Es sieht so aus, als befinde sich China erst am Anfang seines Booms. Führende Ökonomen der Welt sehen hierin den entscheidenden Antrieb für einen noch nachhaltigeren und kräftigeren Konjunkturaufschwung Chinas. Auch westliche Unternehmer, die in China tätig sind, spüren diesen Trend. Jörg Wuttke, ein deutscher Topmanager, der seit Langem die Niederlassung eines großen deutschen Konzerns in China leitet und daneben in den vergangenen Jahren der EU-Handelskammer in Peking als Präsident vorstand, ist von dieser Entwicklung überzeugt. Als einer der besten Kenner des heutigen China, die den Boom der zurückliegenden Jahre hautnah miterlebt haben, spricht Wuttke im Blick auf das, was er bisher gesehen hat, von einer Art »Vorspiel«. Es sei nur der Anfang, so Wuttke unlängst in einem ZEIT-Interview: »China wird erst in den nächsten zehn Jahren richtig durchstarten.«[10] Sollte Wuttke recht behalten, gilt auch die Konsequenz: Je intensiver China marktwirtschaftlich agiert und boomt, desto stärker kann auch der Westen davon profitieren. Dass ein solcher Win-win-Prozess nicht unbedingt zum Niedergang des Westens beitragen muss, versteht sich von selbst.

Selbst unter weltpolitischen Aspekten hat der Aufstieg Chinas den Westen nicht geschwächt. Ein Verteidigungszwang ist dadurch jedenfalls nicht entstanden. Es ist auffällig, wie friedlich der Aufstieg des autoritären China bislang verlaufen ist. Das verhängnisvolle Schicksal des militaristischen Japans und des nationalsozialistischen Deutschlands in der Folge von deren Machtexpansion blieb China bis heute erspart. Die Welt ist offensichtlich durch Chinas Aufstieg von einem Agrarland zu einem Industriezentrum, in dem mehr als ein Drittel der globalen Verarbeitungskapazitäten konzentriert sind, nicht in besonderem Maße verunsichert worden. Weder einen »Heißen« noch einen »Kalten« Krieg hat die chinesische Wirtschaftsexpansion und Machtausdehnung bis jetzt verursacht – auch wenn geopolitische Reibungen und territoriale Streitigkeiten im asiatisch-pazifischen Raum seit 2011 durchaus zugenommen haben. Diesen »friedlichen Aufstieg« erklärte ein japanischer Politiker in einem Fernsehinterview in Hongkong damit, dass

China zwar die Macht, aber nicht den Willen zu einem Angriffskrieg gegen Japan besäße. Für viele Beobachter, aber auch für Involvierte scheint die Absicht der Chinesen zum friedlichen Aufstieg eine beschlossene Sache zu sein, auch wenn die Frage offen bleibt, ob und inwiefern diese friedliche Absicht die zunehmende Eskalation der territorialen Konflikte im asiatisch-pazifischen Raum übersteht.

In der Tat resultiert Chinas Entscheidung für einen friedlichen Aufstieg aus historischer Einsicht, technokratischer Kalkulation und strategischer Klugheit. Die weltpolitischen Katastrophen, die Japan und Deutschland durch die Ausdehnung der eigenen Macht gegen den Willen anderer Mächte herbeigeführt haben, ließen die Regierungselite in Beijing vor einer expansionistischen Politik zurückschrecken. Die Einsicht, dass das Land seine Modernisierung nur in Kooperation mit den führenden Industriestaaten erreichen könne, ist politischer Konsens unter den Regierungseliten im chinesischen Politbüro.

Nicht nur der Wille zur Vermeidung eines neuerlichen deutschen und japanischen Kriegsschicksals sorgt für die chinesische Abneigung gegen eine offene Konfrontation mit dem Westen. Auch die positive Einstellung der technokratischen Regierung zum Prozess der Globalisierung prägt die chinesische Politik des »friedlichen Aufstiegs«. Globalisierung wird zwar nach wie vor als ein »doppelschneidiges Schwert« mit Risiken und Möglichkeiten betrachtet. Jedoch sieht die Regierung in diesem Prozess auch eine einmalige Chance für China, an den Dynamo der Weltwirtschaft und damit an den Wohlstand der Nachbarländer und der westlichen Industriestaaten anzuknüpfen. Aufgrund der billigen Arbeitskräfte und des grenzenlosen Marktpotenzials der Milliarden Einwohner wurde das Land als lukrativer Standort für die westlichen Industriestaaten und die asiatischen Tigerstaaten identifiziert.

So entstand Ende der 1970er-Jahre die Politik der Reform und Öffnung. Die Tür des Landes wurde gerade in der Zeit geöffnet, als das internationale Kapital, zermürbt durch den üppigen Sozialstaat im Heimatland und befreit durch die neoliberalistischen Deregulierungen, den Globus nach neuen Investitionschancen absuchte. Die chinesischen Kommunisten versprachen den internationalen Kapitalisten Ordnung, Steuerbegünstigungen und vor allem Infrastruktur sowie die Abwesenheit des Arbeitskampfes – das Paradies eines jeden Investors. Zum perfekten Timing hinzu kam die stimmige Chemie zwischen den Kommunisten und den Kapitalisten.

Im Rahmen dieser kommunistisch-kapitalistischen »Großkoalition« ging die technokratische Rechnung auf. Das Reich der Mitte ist heute ein Weltproduktionszentrum: 80 Prozent der Spielzeuge weltweit werden heute in China produziert. 70 Prozent der Farbfernseher und Klimaanlagen kommen aus China. 69 Prozent der Mikrowellengeräte und 34 Prozent der Kühlschränke entstammen den chinesischen Produktionsanlagen. Das Land stellt 33 Prozent der Waschmaschinen her und baut 30 Prozent der Schiffe der Welt.

Die Umarmung der Globalisierung hat Chinas Stellung in der Weltwirtschaft revolutionär verbessert. Von einer Pariaposition aus hat das Land alle westlichen Staaten überholt, um – gleich nach den USA – Platz zwei unter den größten Volkswirtschaften der Welt einzunehmen. Auch die Tage der USA als größte Ökonomie der Welt sollen nach Einschätzung führender Wirtschaftsforschungsinstitutionen gezählt sein. Gestritten wird allein um die Dauer der verbleibenden Zeit: 10, 15 oder 20 Jahre.

Chinas Aufstieg blieb in einem bestimmten Sinne für viele Menschen im Westen unauffällig. Nur wenige Fachleute und Chinabeobachter scheinen bemerkt zu haben, dass die chinesischen Unternehmen an die Weltspitze vorgerückt sind. Schon aus einer Studie der Firma Ernst & Young aus dem Jahr 2007 geht hervor, dass China heute zu den drei Spitzenländern mit den meisten Großunternehmen zählt. Noch vor 15 Jahren waren die Chinesen auch da eine Unbekannte, wo es um Rang und Ruhm in der Landschaft der Großkonzerne ging. Diese Situation hat sich jedoch geändert. Auf der aktuellen »Forbes-Liste« der weltweit größten Unternehmen sind die beiden Spitzenländer USA und China mit jeweils vier Unternehmen vertreten und teilen sich damit die Dominanz der vorderen Plätze. An erster Stelle hat allerdings ein Wechsel stattgefunden: Die chinesische Bank ICBC löst die Exxon Mobil Corporation als Anführer der »Global 2000« ab.[11] Mit ihr als der größten Bank überhaupt ist auch das Ranking der Großbanken der Welt durcheinandergeraten. Unter den Top fünf der weltweit größten Bankhäuser stammen drei aus China.[12]

Zweifelsohne ist China mächtig geworden, auch unter finanz- und geldpolitischen Aspekten. Mit 3,8 Billionen US-Dollar übertreffen Chinas Devisenreserven diejenigen sämtlicher Industriestaaten zusammengenommen. Schätzungsweise sind davon 65 bis 70 Prozent in in US-Dollar notierten Wertpapieren angelegt, meistens in Staatsanleihen der US-Regierung. Jede Umschichtung der Anlagestruktur oder neue Ausrichtung der Anlagepolitik der chinesischen Regierung in größerer Ordnung würde den Weltfinanzmarkt erheblich in Bewegung bringen. Betroffen wäre dabei selbstverständlich auch der Wert des Euro, der um einiges teurer werden würde, sollte die chinesische Zentralbank, aus welchem Grund auch immer, dazu übergehen, US-Dollar massiv zu verkaufen, und zwar unabhängig davon, ob China selber von den Konsequenzen seiner eigenen Handlungen profitiert oder darunter leidet. Fest steht nur: Zum ersten Mal in der Geschichte ist das Wirtschaftsleben Europas so eng mit der Entwicklung in China verflochten, dass der Wert seiner Währung, die Sicherheit der Arbeitsplätze seiner Bürger und die Stabilität seiner Konjunktur nicht mehr von dem Fernostland getrennt analysiert werden können. Dies gilt entsprechend auch für China, das die meisten seiner Produkte auf dem europäischen Kontinent absetzt und sich damit europäischen Veränderungen selbst nicht entziehen kann.

Aber Chinas Entwicklung verläuft asymmetrisch. Die Narrativen über seinen Aufstieg beschwören lediglich einen Mythos, wenn sie nicht auch seine Kehrseite aufzeigen. Denn es stellt sich die Frage, ob die Chinesen nicht einen zu hohen Preis für den wirtschaftlichen Aufstieg der Nation gezahlt haben und noch bezahlen. Zunehmend verfestigt sich der Eindruck, dass die Chinesen ihre politische Freiheit gegen den materiellen Wohlstand ausgetauscht haben und damit auf einen wesentlichen Bestandteil des modernen Lebens verzichten. Während die Wirtschaft prosperiert, steigt die Umweltverschmutzung so drastisch, wie die soziale Gerechtigkeit sinkt.

Chinas Gini-Index verschlechtert sich ständig. Lag er im Jahr 1978 noch bei 0,29[13], so stieg er 2012 auf 0,47.[14] Der gängige Alarmwert der Sozialungleichheit liegt bei 0,4. Diese Entwicklung deutet darauf hin, dass die chinesische Bevölkerung massiv daran gehindert wird, in gleichen Maßen vom Wirtschaftsboom zu profitieren. In der Tat führen die städtischen Einwohner ein weit wohlhabenderes Leben als die Landbewohner. So ist das Jahreseinkommen der Beschäftigten in den östlichen Küstenzonen im Durchschnitt fast sechsmal höher als im Westen des Landes. Die Kluft zwischen Reichen und Armen vergrößert sich dramatisch.

Chinas wirtschaftlicher Aufstieg entpuppt sich gleichfalls als ambivalent, wenn man bedenkt, dass das Land gezwungen ist, jährlich etwa zehn Prozent seines Bruttoinlandsprodukts auszugeben, um allein die Schäden der Umweltverschmutzung zu bekämpfen. Ironischerweise entspricht diese Prozentzahl genau der jährlichen Wachstumsrate der chinesischen Wirtschaft. So gesehen, hat China praktisch ein »Nullwachstum« vorzuweisen. Nicht ohne Grund rangiert das Land auf dem

Index der Umweltperformance 2008 auf Platz 105 unter den 149 Staaten, die die amerikanische Eliteuniversität Yale untersucht hat.[15]

Dennoch stellt China für den Westen eine ernst zu nehmende Herausforderung dar. Das Konzept »Friedlicher Aufstieg« *(heping jueqi)* bedeutet nicht nur die chinesische Bereitschaft zur Nationalerneuerung unter Verzicht auf militärische Expansion, es ist auch als Angebot der Chinesen an die etablierten Mächte zu verstehen: Lasst uns aufsteigen, und wir versprechen euch, dies friedlich zu tun. Aus chinesischer Sicht meint »friedlich« in diesem Kontext den Willen, die vorhandene internationale Ordnung nicht infrage zu stellen, sondern von ihr zu profitieren. In der Tat ist China in den letzten Jahren allen internationalen Institutionen beigetreten, die diese Ordnung verkörpern, also jenen Institutionen, die unter der amerikanischen und europäischen Dominanz errichtet wurden, um die liberale Wirtschaftsordnung aufrechtzuerhalten: von der WTO über die Weltbank bis hin zum IWF.

Aber China, erstarkt durch sein Gewicht in der Weltwirtschaft, lässt zunehmend erkennen, dass es nicht mehr bereit ist, sich der vorhandenen Ordnung nur zu unterwerfen. Sein Verhalten in Fragen des Klimawandels, der Energieversorgung, der Entwicklung des afrikanischen Kontinents, der Doha-Entwicklungsagenda sowie der Behandlung des Irans zeigt, dass die chinesische Führung in vielen globalen Zukunftsfragen vom Westen abweichende Vorstellungen hat. Im Westen herrscht zwar die Auffassung, dass diese Aufgaben ohne China nicht wirklich gelöst werden können, aber auf politischer Ebene bewegt sich bislang nichts, was zu einer größeren Mitführungsrolle Chinas bei der Gestaltung einer neuen Weltordnung führen könnte. Auch von der G8 bleibt China ausgeschlossen. Eine überzeugende Initiative seitens des Westens zur Aufnahme Chinas in den Klub, die über reine Lippenbekenntnisse hinausgeht, ist nicht in Sicht. Allein aus dem amerikanischen Thinktank wurden die Rufe nach einem Umdenken immer lauter. Von einer G2-Herrschaft im Sinne einer chinesisch-amerikanischen Führerschaft in Kooperation mit den »Zweiten Weltländern EU, Russland und Indien« (Fred Bergsten) oder einer G3-Konstruktion von Amerika, China und Europa (Parag Khanna)[16] ist jetzt in akademischen Diskussionen die Rede. Aus dem europäischen Elitenkreis ist dagegen nichts Kreatives zu vernehmen. Noch herrscht kollektives Schweigen auf dem Kontinent – hoffentlich nicht zu lang. Eberhard Sandschneider bildet hier eine Ausnahme. Der Eindruck aber, Europa sei dem »friedlichen Aufstieg« Chinas intellektuell nicht gewachsen, muss durch kreatives und schnelles Handeln vermieden werden.

Dennoch können wir empirisch festhalten: Mit dem Aufstieg Chinas geht kein Niedergang des Westens einher. Im Gegenteil: Während China wächst, erstarkt auch der Westen. Die Entwicklung in der Branche der Supercomputer liefert ein typisches Beispiel für diese Logik, denn unlängst hat China den schnellsten Computer der Welt gebaut – einen Supercomputer mit einer »Rechenleistung von mehr als 33 Billiarden Rechenschritten in einer Sekunde. Das entspricht fast der doppelten Leistung der bisherigen Nummer eins der Liste«, konstatierte die FAZ im Sommer 2013.[17]

Auf den ersten Blick haben die Chinesen die Amerikaner, Europäer und Japaner von Platz eins verdrängt. Fragt man aber nach der Herkunft der Millionen Prozessoren und Chips, die in den chinesischen Supercomputern ticken, so stellt sich heraus, dass es westliche Unternehmen sind, die die Chinesen ausrüsten. Vereinfacht kann man sagen: Ohne Intel gibt es kein Tianhe und ohne Tianhe expandiert Intel nicht, weil China inzwischen der größte Computerhersteller der Welt geworden ist. Mehr als 60 Prozent der in den USA verkauften Computer wurden in China hergestellt, meistens bestückt mit Prozessoren und Chips von Intel. Die Geschichte vom Supercomputer lehrt uns, warum es in einer globalisierten Welt zwischen Großmächten kaum ein Nullsummenspiel gibt: Sie wachsen entweder zusammen oder gehen zusammen unter. Die Logik der Interdependenz hat schon längst eine Schicksalsgemeinschaft zwischen China und dem Westen begründet. Noch haben alle westlichen Industriestaaten von Chinas Aufstieg profitiert. Die Bücher von VW, Ford, BMW, der Bank of America, von BASF, Boeing, Airbus, Siemens oder Intel, aber auch die Haushaltsbücher der US-Regierungen und die Liste der Käufer der Staatsanleihen von Griechenland, Portugal, Spanien und Italien dürften diese Tatsache ohne Weiteres bestätigen. Vor diesem Hintergrund erscheint die These vom Niedergang des Westens bestenfalls als Märchen und im schlimmsten Fall als übertriebene Angst vor China.

Es ist die Globalisierung mit ihren alles verflechtenden Wirkungen, die die Großmächte entmachtet. Alle mächtigen Nationen scheinen sich im »Niedergang« zu befinden, einschließlich des aufgestiegenen China. Und dieses Phänomen tritt seit Beginn des 21. Jahrhunderts intensiver denn je in Erscheinung. David Baldwin hat es bereits mit dem Begriff *paradox of unrealized power*[18] angedeutet: die Entkopplung der internationalen Durchsetzungsfähigkeit der Staaten von den für sie verfügbaren Machtkapazitäten. Immer häufiger erweisen sich Staaten, die zweifellos über beeindruckende *hard power* beziehungsweise scheinbar ausreichende *soft power* verfügen, als unfähig, ihre Staatspräferenzen auf der internationalen Ebene durchzusetzen. Umgekehrt kommt es immer häufiger vor, dass Staaten trotz schwächerer Positionen im Hinblick auf die beiden klassischen Machtformen in der Lage sind, sich entweder gegen den Willen der vermeintlich mächtigeren Akteure durchzusetzen oder deren Zielsetzung zu unterminieren. Aber dieses Paradox darf nicht mit einem »Niedergang« bestimmter Mächte verwechselt werden, weil es flächendeckend alle »Großmächte« der Gegenwart betrifft.

Nehmen wir zuerst Europa unter die Lupe: Spätestens seit dem Scheitern der internationalen Klimakonferenz in Kopenhagen ist die Europäische Union von der Entkoppelung zwischen internationaler Durchsetzungsfähigkeit und verfügbaren Machtressourcen erkennbar betroffen. In vielen internationalen und globalen Angelegenheiten hat die Europäische Union zwar klare Präferenzen, kann sich jedoch nicht ohne Weiteres durchsetzen. Von der Gestaltung der Entwicklung in Afrika über den globalen Klimaschutz bis hin zu UN-Reform und Friedenssicherung im Nahen Osten: Häufig beobachten wir ein frustriertes Europa, das seine Präferenzen nicht erreichen kann und sogar fürchtet, von der Welt nicht »ernstgenommen zu werden«[19]. In der Tat prägt Europa das weltpolitische Geschehen der Gegenwart nicht in dem Maße, wie man es aufgrund seiner verfügbaren Machtressourcen erwarten könnte.

Immerhin stellt die Europäische Union mit einem Bruttoinlandsprodukt von etwa 15 000 Milliarden US-Dollar die größte Volkswirtschaft dar,[20] vor den USA mit 14 500 Milliarden und der Volksrepublik China mit etwa 9000 Milliarden US-Dollar. Ihr Anteil an globalen Exporten betrug 2009 16,2 Prozent, weit voraus den Exporten der Volksrepublik China (12,7 Prozent) und der USA (11,2 Prozent). Die Militärausgaben der EU-27 mit insgesamt 322 Milliarden US-Dollar beliefen sich zwar nur auf etwa die Hälfte der US-amerikanischen mit 663 Milliarden US-Dollar, übertrafen die chinesischen mit 98 Milliarden US-Dollar jedoch um mehr als das Dreifache. Auch der europäische Anteil an den Top 100 der besten Universitäten der Welt ist mit 24 weit größer als der chinesische mit nur 5, auch wenn die meisten Top-Universitäten, 53 von 100, in den Vereinigten Staaten angesiedelt sind. Von den Top-100-Unternehmen dagegen, gemessen am Umsatz im Jahr 2010, befinden sich 42 in Europa, 32 in Amerika und nur 5 in China. Nimmt man die angemeldeten Patente als Maßstab für die Stärke der Innovationskraft einer Region, so rangiert die Europäische Union hier auf dem ersten Platz: 2009 stammten 48 658 Patente aus den EU-27, 45 618 aus den USA und nur 7900 aus China.[21]

Basierend auf diesen statistischen Daten liegt die Europäische Union knapp vor den USA, ist aber um das Sechsfache stärker als die Volksrepublik China, wenn es um die Innovationsfähigkeit und das Kreationsvermögen der Unternehmen geht. Dass die Europäische Union als eine Wissensmacht über das größte Innovationspotenzial der Welt verfügt, ist zumindest nach diesen Datensätzen eine unumstrittene Tatsache. Auch im Hinblick auf zivilisatorische Anziehungskraft und systemische Vorbildfunktion, jene Fundamente der *soft power*, befinden sich die Europäische Union und insbesondere die Bundesrepublik Deutschland an der Spitze der Welt. Nach einer repräsentativen Umfrage unter 29 000 Einwohnern in 28 Ländern, die durch die kanadische demoskopische Agentur GlobeScan im Jahre 2010 durchgeführt wurde, bewerten 53 Prozent der Befragten die Rolle der Europäischen Union in der Welt als »meist positiv«. Dabei hat Deutschland die beste Note unter den 28 bewerteten Staaten erhalten: 59 Prozent der Befragten betrachten die deutsche Rolle als »positiv«, deutlich vor den USA mit 46 Prozent und China mit 41 Prozent.[22]

Die Schwierigkeiten der Europäischen Union, sich auf globaler Ebene durchzusetzen, liegen offensichtlich nicht im Mangel an *hard* und *soft power*, sondern vermutlich in der fehlenden Fähigkeit, die verfügbaren Machtkapazitäten adäquat in politische Erfolge umzuwandeln. Oder anders ausgedrückt: Europa versteht es nicht, die vorhandene Hebelkraft zu erkennen, mit deren Hilfe sein Gewicht zur Geltung gebracht werden könnte.

Nicht nur die europäische Machtlosigkeit, sondern auch die prekären Situationen, die die Supermächte USA und China als Papiertiger erscheinen lassen, zeigen, wie stark die internationale Durchsetzungsfähigkeit der Staaten von den für sie verfügbaren Machtkapazitäten entkoppelt ist. Kein anderes Beispiel als der Nordkoreakonflikt könnte wohl das Puzzle »Machtkapazitäten versus Durchsetzungsfähigkeit« besser veranschaulichen: Weder die militärisch hoch überlegenen Amerikaner noch die wirtschaftlich übermächtigen Chinesen konnten ihre gemeinsame politische Präferenz für eine nuklearfreie Zone auf der koreanischen Halbinsel gegenüber dem in jeder Hinsicht unterlegenen Nordkorea bislang durchsetzen. Sowohl die *hard* als auch die *soft power*, die der Supermacht USA und der aufsteigenden Großmacht China zur Verfügung stehen, bleiben wirkungslos, wenn es darum geht, das Pariaregime in Pjöngjang zur Aufgabe seines Atomprogramms zu bewegen. Das gleiche Phänomen beobachten wir auch im Iran und in Afghanistan, wo das Machtverhältnis zwischen den Konfliktgegnern eine erhebliche Asymmetrie aufweist. Auch hier sind die scheinbar schwächeren Akteure trotz ihrer eindeutigen Unterlegenheit in der Lage, ihre Kontrahenten an der Erreichung ihrer Präferenzen zu hindern.

Wenn wir also von Machtverschiebungen, von Chinas Aufstieg und dem Niedergang des Westens sprechen, so müssen wir zur Kenntnis nehmen, dass sich der Inhalt der Macht und ihre Wirkungsweise im Sinne der politischen

Durchsetzungsfähigkeit im Zuge der Globalisierung dramatisch gewandelt haben. Mehr Macht bedeutet nicht automatisch auch mehr Einfluss; und mit einem Niedergang sinken nicht unbedingt auch Wohlstand und Einflussnahme. Selbst wenn China »mächtiger« geworden zu sein scheint, führt sein Aufstieg nicht unweigerlich zum Niedergang des Westens. Die Zukunft bleibt offen. Durch ein gegenseitiges Lernen voneinander könnten beide Seiten ihre Interessen an Einfluss, Wohlstand und Sicherheit optimal ausgleichen und harmonisieren.

Anmerkungen

1 Naß, Matthias: Chinas Vorbild: China, in: *DIE ZEIT*, 15. Juli 2010, Nr. 29.
2 Sandschneider, Eberhard: *Der erfolgreiche Abstieg Europas*. Heute Macht abgeben, um morgen zu gewinnen, Hanser Verlag: München 2011.
3 Ebd., S. 1.
4 Ebd.
5 Ebd., S. 8.
6 Ebd., S. 9–10.
7 Strange, Susan: *The Retreat of the State*. The Diffusion of Power in the World Economy, Cambridge University Press: Cambridge 1996, S. 25.
8 Norrlof, Carla: *America's Global Advantage*. US Hegemony and International Cooperation, Cambridge University Press: New York 2010, S. 4 ff.
9 Wallerstein, Immanuel: *World-System Analysis*, Duke University Press: Durham and London 2004, S. 24.
10 Naß, a.a.O.
11 Forbes: Global 2000 Leading Companies, unter http://www.forbes.com/global2000/list/, zuletzt aufgerufen am 17.11.2013.

12 Geinitz, C. u.a.: Europas Banken verlieren an Bedeutung, in: *Frankfurter Allgemeine Zeitung*, 13. April 2012, S. 14.

13 Fan, C. Cindy/Sun, Mingjie: Regional Inequality in China, 1978–2006, in: *Eurasian Geography and Economics* 49 (1) 2008, S. 1–20, S. 1.

14 Pekinger Wirtschaftsreform gegen Ungleichheit: Staat will Chinesen ein bisschen gleicher machen, in: *Süddeutsche Zeitung*, 6. Februar 2013, unter http://www.sueddeutsche.de/wirtschaft/pekinger-wirtschaftsreform-gegen-ungleichheit-staat-will-chinesen-ein-bisschen-gleicher-machen-1.1592640, zuletzt aufgerufen am 17.11.2013.

15 Yale Center for Environmental Law and Policy/Center for International Earth Science Information Network: 2008 Environmental Performance Index, unter http://epi.yale.edu/, S. 15.

16 Gu, Xuewu: The Future of US-China Relations, in: *Vita Pensiero*, XCIII (3) 2010, S. 8–18; Schweller, Randall L./Pu, Xiaoyu: After Unipolarity. China's Visions of International Order in an Era of U.S. Decline, in: *International Security*, 36 (1), S. 41–72.

17 Finsterbusch, Stefan: Rekord in Fernost. China baut den schnellsten Computer der Welt, in: *Frankfurter Allgemeine Zeitung*, 18. Juli 2013, unter http://www.faz.net/aktuell/wirtschaft/netzwirtschaft/rekord-in-fernost-china-baut-den-schnellsten-computer-der-welt-12224947.html, zuletzt aufgerufen am 17.11.2013.

18 Baldwin, David: Power Analysis and World Politics. New Trends versus Old Tendencies, in: *World Politics*, 31 (2) 1979, S. 161–194, S. 164.

19 Klau, Thomas: Modell für Milliarden, in: *Internationale Politik*, 67 (1) 2012, S. 31–35, S. 33.

20 Als *single market* bleiben die USA nach wie die größte Volkswirtschaft der Welt.

21 Alle Angaben beruhen auf eigenen Berechnungen aufgrund der Datensätze des »Bonn Power Shift Monitor«, http://www.cgs-bonn.de/home.php?sid=0&lid=1.

22 GlobeScan/PIPA: Global Views of United States Improve While Other Countries Decline, *BBC World Service Poll 2010*, S. 1.

KAPITEL 2

Das moderne China: Produkt der Interaktion mit dem Westen

Das moderne China, das wir auf der internationalen Bühne des 21. Jahrhunderts beobachten, ist kommunistisch, kapitalistisch und nationalistisch zugleich. Es trägt also drei Charakterzüge, die ursprünglich nicht der chinesischen Tradition entspringen. Im Gegenteil: Sie sind das Resultat der Interaktionen zwischen dem Reich der Mitte und dem Westen in den vergangenen 500 Jahren, insbesondere nach dem sogenannten Opiumkrieg zwischen China und Großbritannien in der Mitte des 19. Jahrhunderts. Dies gilt sowohl für die Tatsache, dass sich die von Mao Zedong geführte Generation der chinesischen Eliten bewusst für den Aufbau eines kommunistischen Staatswesens entschieden hat, als auch für die nüchterne Entscheidung der Regierungsklasse unter der Führung von Deng Xiaoping für die Umstellung der sozialistischen Planwirtschaft auf eine kapitalistische Marktwirtschaft. Bestätigt wird die These auch dadurch, dass der chinesische Nationalismus eine Reaktion auf die westlichen Angriffe und Unterjochungen des 19. und 20. Jahrhunderts darstellt. Es waren die Stärke und die Effizienz der europäischen Nationalstaaten bei der Expansion nach Asien, Afrika und Amerika, die den Chinesen vor Augen geführt haben, wie wichtig es ist, eine reiche und starke Nation aufzubauen, um sich international zu behaupten.

Diese Überzeugung hat alle führenden Persönlichkeiten des Landes seit 1840 maßgeblich geprägt, vom kaiserlichen Hofbeamten Zhang Zhidong der späten Qing-Dynastie (1837–1909) und dem Vater der chinesischen Republik Sun Zhongshan (Sun Yat-sen, 1866–1925) über den nationalistischen Führer Jiang Jieshi (Chiang Kai-shek, 1887–1975) und den kommunistischen Gründer der Volksrepublik China Mao Zedong (Mao Tse-tung, 1893–1976) bis hin zum Globalisierungsreformer Deng Xiaoping (1904–1997). Das Land nationalistisch zu erneuern war die Leitidee, die diese politisch völlig unterschiedlichen und teilweise sogar verfeindeten Personen geistig verband. Dass Staatspräsident und Parteichef Xi Jinping unmittelbar nach der Machtübernahme im März 2013 die Realisierung des »Chinesischen Traums« als Kern seines Regierungsprogramms verkündet hat, steht ebenfalls im Einklang mit diesem nationalistischen Vermächtnis. Xi macht keinen Hehl daraus, was er mit dem »Chinesischen Traum« meint: »Ein reiches Volk und eine starke Nation«.

Vor den Berührungen mit dem Westen dachten die Chinesen jedoch keinesfalls nationalistisch, sondern kosmopolitisch. Sie kannten »Nation« weder als Denkkategorie noch als Begriff. Tragende Elemente eines Nationalstaats wie Staatsvolk, Staatsterritorium oder Staatsinstitutionen zählten nicht zum Vokabular des politischen Denkens im traditionellen China. Die zentrale Denkkategorie lautete *tianxia*, was ungefähr mit »Herrschaft unter dem Himmel« übersetzt werden kann und eine kosmopolitische Denkweise darstellt, die das chinesische politische Denken über 4000 Jahre lang beherrscht hat. Das Postulat *tianxia* kannte keine politisch-territorialen Fragmentierungen menschlicher Assoziationen. Es betonte die zivilisatorische Einheit unter zentralistisch-kaiserlicher Autorität und die Harmonisierbarkeit der unterschiedlichen ethnischen Bevölkerungen durch moralische Kultivierung. Es war dieses Ideal, das die chinesischen Bevölkerungen über Tausende von Jahren hinweg zusammenhielt.

Der amerikanische Historiker und Sinologe Jonathan D. Spence hat einmal darauf hingewiesen, dass China im Vergleich zu anderen Ländern der Welt »eine äußerst lange Geschichte« habe. »[I]n der Tat«, so bemerkt Spence, »hat keine andere Gesellschaft ihre Lebenskraft so lange bewahrt oder ihre Unternehmungen über einen so langen Zeitraum – nahezu 4000 Jahre – so genau aufgezeichnet.«[1] Auch der deutsche Chinaexperte und Politologe Oskar Weggel stellt fest, dass »die kontinuierlichste und bei aller Größe auch zentralstaatlichste Gesellschaft Asiens, die im Lauf ihrer Geschichte zwar häufig Spaltungen erlebt, am Ende aber doch immer wieder zur Einheit zusammengefunden hat, [...] – neben Korea und Japan – vor allem China«[2] ist.

Hinter dieser politischen, gesellschaftlichen und kulturellen Kontinuität Chinas stand aber nicht die chinesische Absicht, eine Nation zu erschaffen, sondern das Streben nach einem einzigartigen Imperium. Aus konfuzianischer Sicht soll das Kaiserreich im Sinne eines »Himmlischen Imperiums« in der Gestalt eines kulturellen Universums nicht auf Zwangsherrschaft, sondern auf zivilisatorischer Ausstrahlung und ideeller Anziehungskraft beruhen.[3]

Das erste chinesische Einheitsreich wurde im Jahre 221 v. Chr. gegründet. Ein Teilstaat namens Qin unterwarf alle damals um chinesische Vorherrschaft ringenden Feudalfürstenstaaten und begründete die Qin-Dynastie. Damit begann die Geschichte Chinas als die einer zentralistischen Herrschaft, die im Laufe der folgenden Jahrhunderte immer wieder von Teilungen und Zusammenschlüssen heimgesucht wurde.[4] Die Zeit von der Gründung dieses ersten imperialen Einheitsreiches bis zum Ausbruch des Opiumkriegs mit Großbritannien im Jahre 1839 war dadurch gekennzeichnet, dass das chinesische Kaiserreich ohne Militärpräsenz außerregionaler Imperien seine Herrschaftsgebiete ständig ausdehnen konnte. Während dieser Jahrhunderte wurde es von vielen verschiedenen Dynastien beherrscht, und nicht selten von mehreren Dynastien zugleich.[5] Das chinesische Kaiserreich erschien in der vormodernen Zeit so mächtig, dass keiner der damals bekannten Staaten in Asien seine Vormachtstellung gefährden konnte.

Die Chinesen hatten schlicht in ihrer eigenen Welt gelebt, bevor sie im 19. Jahrhundert von den Europäern gezwungen wurden, ihr Land zu öffnen. Als nämlich die weltpolitischen Umbrüche im Zeichen der europäischen Industrierevolution Asien erreichten, hat sich dieses »zivilisatorische Imperium« mit dem chinesischen Kaiser an der Spitze, gefolgt von den nach kulturellen Entfernungen eingestuften Peripherien, als Papiertiger erwiesen. Die westlichen Mächte, ausgerüstet mit den modernsten Waffensystemen und Kriegsschiffen, verweigerten nicht nur den Kotau vor dem chinesischen Kaiser, es gelang ihnen auch, sein machtloses Imperium unter sich aufzuteilen. Bis dahin hatte sich das traditionelle China als Mitte der Welt betrachtet. Der bis heute gültige Name des chinesischen Staates *Zhongguo* (Reich der Mitte) entspringt diesem Selbstverständnis. An den Himmelsrichtungen orientiert, bezeichneten die Chinesen von früh an die das Reich der Mitte umgebenden verschiedenen ethnischen Gruppen im Osten als *Yi*, die im Süden als *Man*, die im Westen als *Rong* und die im Norden als *Di*. Semantisch implizierten all diese Bezeichnungen die Bedeutungen von barbarisch, primitiv und unzivilisiert.

Im Einklang mit seinem kosmologischen, moralischen und hierarchischen Weltbild hielt es das chinesische Kaiserreich bis 1861 nicht für nötig, ein Außenministerium zu errichten. Beziehungen zu den nicht chinesischen Völkern wurden über verschiedene Büros beziehungsweise Außenstellen des Kaiserhofs abgewickelt. Dabei wurde ihnen die Zuständigkeit stillschweigend oder offen, abgestuft nach kultureller Minderwertigkeit oder geografischer Randstellung der fremden Völker, zugewiesen.[6]

Entgegen den konfuzianischen Erwartungen zeigten sich jedoch viele dieser »Barbaren« wenig interessiert, sich dem chinesischen Kaiserreich freiwillig und widerstandslos zu unterwerfen. Im Gegenteil: Sie scheuten sich nicht, die chinesische Vorherrschaft herauszufordern und das Reich der Mitte zu schwächen. Der Sturz der Song-Dynastie durch die Mongolen und derjenige der Ming-Dynastie durch die Mandschus sind nur zwei klassische Beispiele für die Grenzen und die Kraftlosigkeit des chinesischen Imperiums gegenüber den straff organisierten und kampftüchtigen »Barbaren«.

Bis zur Mitte des 19. Jahrhunderts konnte das chinesische Kaiserreich seine Vormachtstellung in Ostasien dennoch ohne große Schwierigkeiten halten. Wie Gottfried-Karl Kindermann angemerkt hat, schien die historische Wirklichkeit zeitweilig die Richtigkeit des chinesischen Weltbildes zu bestätigen: Korea, die Ryūkyū-Inseln, Vietnam, Burma, Nepal, Bhutan, Sikkim, Tibet, die Mongolei und andere Staaten, die das Imperium China im Norden und Süden, im Westen und Osten umgaben, befanden sich in der einen oder anderen Form unter der Oberhoheit des Kaisers von China. Als Zeichen ihrer Ergebenheit zollten sie dem chinesischen Kaiserhof Tribut durch zeremonielle Missionen. Im Mittelpunkt dieser Zeremonien stand eine persönliche Audienz beim Kaiser. Um ihre Ergebenheit gegenüber China zum Ausdruck zu bringen, mussten die Gesandtschaften der Tributstaaten dreimal vor dem Kaiser niederknien und bei jedem Kniefall mit der Stirn dreimal den Boden berühren. Als Gegenleistung für diesen neunmaligen Kotau erhielten die

Fürsten oder Könige der Tributstaaten, die oft persönlich den chinesischen Kaiserhof besuchten, ihre formelle Herrschaftsbestätigung und bestimmte Hilfsgüter wie Kriegswagen, Lebensmittel, Pferde oder Seidenprodukte vom chinesischen Kaiser. Für den »Sohn des Himmels« verkörperte dieses Tributsystem nicht nur die natürliche Ergebenheit anderer Staaten gegenüber China, sondern auch eine kosmologische Weltordnung, in deren Zentrum das Reich der Mitte als der »Zentralherrscher« stand.[7]

Am Vorabend des Eindringens der westlichen Mächte in China befand sich das chinesische Kaiserreich auf dem Höhepunkt seiner territorialen Ausdehnung in Ostasien. Aber trotz seiner Vormachtstellung in Ostasien blieb das chinesische Kaiserreich der Qing-Dynastie ein verschlossenes Land. Der Kaiserhof beschränkte seine Außenbeziehungen nur auf Tributbeziehungen mit den Peripheriestaaten und auf den streng kontrollierten Handel mit Staaten, die nicht zum Einflusskreis der chinesischen Kultur gehörten. 1757 schloss die kaiserliche Regierung alle Handelshäfen, nur mit Ausnahme von Guangzhou in der südchinesischen Provinz Guangdong (Kanton). Lediglich durch dieses eine Fenster zur Welt durften Ausländer Handelsgeschäfte mit China abwickeln, die komplizierten und harten Restriktionen unterlagen. »Im Vertrauen auf ihre kulturelle Überlegenheit«, so Robyn Lim pointiert, »waren sich die Mandschus selbst genug und hatten entsprechend wenig Interesse an allem, was sich außerhalb ihrer eigenen Welt abspielte.«[8]

All diesen Einschränkungen zum Trotz war das Interesse der Europäer am Handel mit China groß. Die starke abendländische Nachfrage nach Seide, Porzellan und Tee »Made in China« und die Vorstellung, »China soll[e] die wirtschaftliche Grundlage für Preußens Aufstieg zur europäischen Großmacht bilden«[9], veranlassten auch den König von Preußen, Friedrich den Großen, dazu, systematisch Handel mit China zu betreiben. Unter seiner Schutzherrschaft und mit seiner persönlichen Beteiligung wurde am 8. Juli 1751 die Gesellschaft »Königlich Preußische Asiatische Compagnie in Emden nach Canton und China« gegründet. Somit wurde die Nordseehafenstadt Emden zum Ursprungspunkt des deutschen Außenhandels mit China. Den Recherchen des Historikers Cay Friemuth zufolge besaß die Gesellschaft insgesamt vier Schiffe, die unter preußischer Flagge segelten. Zwischen 1752 und 1757 wurde sechsmal der »gefährliche Seeweg« von Emden nach Guangzhou »glimpflich zurückgelegt«.[10] Erst 1786 verabschiedete sich Friedrich der Große »von seinen Hoffnungen auf den Chinahandel«, offensichtlich mangels ausreichender Investoren nach der Unterbrechung des Handels während des Siebenjährigen Krieges. Aber maßgebend für diese Kursänderung dürfte die Adjustierung seiner Vorstellungen über die strategische Positionierung Preußens unter den Großmächten Europas gewesen sein: »Preußen ist eine Kontinentalmacht; es braucht eine gute Armee und keine Flotte. Unsere Ostseehäfen gestatten uns keine Ausdehnung unserer Schifffahrt«[11], so zitiert Cay Friemuth wörtlich aus dem »Politischen Testament« des preußischen Königs von 1786.

Derart desinteressiert an anderen Kulturen und überzeugt von der Überlegenheit der eigenen, besaßen die Qing-Kaiser und ihre Hofbeamten kaum Kenntnisse über die Welt. Ihr Weltbild war so sinozentrisch, dass bis Mitte des 19. Jahrhunderts Großbritannien, Holland, Portugal und Italien in den Hofdokumenten noch als »Tributstaaten« betrachtet wurden. Selbst ein Jahr nach dem Ausbruch des Opiumkrieges mit Großbritannien, im Jahre 1840, wusste Kaiser Daoguang (Tao Kuang) nicht einmal, wo das britische Königreich lag, und fragte seine Beamten, ob es an Russland angrenze.[12] Die politischen Konsequenzen dieser totalen Weltferne und der damit einhergehenden totalen Isolation waren für das Land verhängnisvoll, als es Mitte des 19. Jahrhunderts völlig unvorbereitet zum Zusammenprall zwischen dem ahnungslosen China und den westlichen Mächten kam.

In der Tat begann die kosmologische und hierarchische Weltordnung des chinesischen Kaiserreiches zu zerfallen, als die »Barbaren« mit Freihandelsansprüchen, unterstützt durch moderne Waffensysteme, nach Ostasien drängten. Innerhalb weniger Jahrzehnte wurde aus dem asiatischen Zentralherrscher ein Spielball westlicher Mächte. Schritt für Schritt wurde das Reich der Mitte unter den okzidentalen und japanischen Expansionszwängen zu einer Halbkolonie, die ihre Souveränität und Integrität nur formal behalten konnte. Rückblickend lässt sich dieser Positionssturz, der durch den unerwarteten Zusammenprall mit dem Westen herbeigeführt wurde, in drei miteinander verbundenen Phasen rekonstruieren: Durchbrechung der Isolation durch den Opiumkrieg (1840), Durchlöcherung der Souveränität durch die Verträge von Peking (1860) und Teilung des Territoriums nach dem Chinesisch-Japanischen Krieg von 1895.

Im Jahr 1839 verhängte der chinesische Kaiser das Verbot britischer Opiumimporte nach China. Diese »Außenhandelspolitik« stand insofern im Einklang mit der kaiserlichen »Gesundheitspolitik«, als die chinesische Regierung bereits 1729, über ein Jahrhundert zuvor, sowohl die Einfuhr als auch den Verkauf dieses extrem gesundheitsschädlichen Rauschgiftes verboten hatte. Außerdem wollte der chinesische Kaiser damit erreichen, dass der Verlust von Silber gestoppt wurde. Damals wurden die durch korrupte chinesische Beamte illegal unterstützten Opiumeinfuhren mit Silber bezahlt, einem Metall, das seinerzeit als Zahlungsmittel im chinesischen Finanz- und Steuersystem eine zentrale Rolle spielte.

Kaiser Daoguang schickte Generalgouverneur Lin Zexu (Lin Tse-hsü) als Kaiserlichen Kommissar mit dem Auftrag nach Guangzhou, den illegalen Opiumhandel zu unterbinden. Die Maßnahmen des Generals waren für die an freie Handelsprinzipien gewöhnten britischen Händler nicht besonders angenehm: Mit einem Ultimatum, die Opiumprodukte auszuliefern, ließ er sie in ihren Räumen von der Außenwelt abriegeln. Nach sechs Wochen zermürbender Blockade gaben die Briten nach und willigten in die Auslieferung von 20 000 Kisten Opium ein. Daraufhin ließ General Lin alle Ausländer bis auf 16 Personen frei und vernichtete das ohne Entschädigung beschlagnahmte Rohopium in einem öffentlichen Schauprozess. Danach richtete er ein Schreiben an Königin Victoria und rechtfertigte die Opiumvernichtung mit dem Hinweis, dass das gesundheitlich schädliche Opium auch in Großbritannien verboten sei.[13]

Die Briten reagierten mit einer militärischen Flotte, die im Juni 1840 vor Guangdong (Kanton) eintraf. Innerhalb von zwei Jahren gelang es den britischen Seestreitkräften, mithilfe technisch überlegener Dampfschiffsartillerie die chinesische Küstenverteidigungslinie zu durchbrechen. Wie Robyn Lim pointiert bemerkte, waren es die militärischen und technologischen Konsequenzen der europäischen industriellen Revolution, die China »verwundbar«[14] gemacht hatten. Eine Reihe von Qing-Offizieren, die ihre verzweifelt-mutigen Kämpfe verloren hatten, begingen aus Scham zusammen mit ihren Familien Selbstmord. Schon im Frühjahr 1842 war es den Briten gelungen, Chinas Hauptwasserwege abzuschneiden. Im Juni gerieten Schanghai und Zhenjiang in die Hand der britischen Soldaten. Der britischen Feuerkraft ausgesetzt, brach der Verkehr auf dem Kaiserkanal und dem Unterlauf des Jangtsekiang völlig zusammen. Lord Palmerston, unter dessen Führung die britische Flotte ins Herzgebiet der chinesischen Ökonomie eindrang, lehnte das Verhandlungsangebot der Qing-Regierung ab und ließ am 5. August seine Truppen bis zu den Mauern der großen Stadt Nanjing vorrücken. Um Frieden zu erreichen, unterzeichneten die Qing am 29. August 1842 die von Palmerston diktierten Bedingungen des Vertrags von Nanjing.

Der Vertrag umfasste zwölf Hauptartikel, die die komplette Niederlage der Qing-Dynastie zum Ausdruck brachten. Historisch bedeutend für das Reich der Mitte waren vor allem die Verpflichtungen der Qing-Dynastie zur Öffnung der fünf Hafenstädte Fuzhou, Xiamen, Schanghai, Ningbo und Guangzhou, zur Abtretung der Insel Hongkong an Großbritannien und zur Abschaffung chinesischer Außenhandelsmonopole sowie zur Einrichtung »angemessener, regulärer Export-, Import- und anderer Zölle«[15] für alle Kaufleute. Durch diese völkerrechtlichen Verpflichtungen, die die Chinesen später als Beginn der »ungleichen Verträge« zwischen China und den westlichen Mächten bezeichneten, wurde die Selbstabschließung der Qing-Dynastie durchbrochen. China öffnete sich, allerdings nicht freiwillig, sondern gezwungen durch fremde Kriegsschiffe und Artillerie. Historisch betrachtet waren dieser Opiumkrieg und der Vertrag von Nanjing als dessen völkerrechtliche Konsequenz der erste Angriff auf Chinas Souveränität.[16]

Die gewaltsam erzwungene Öffnung des Landes fand bei der Bevölkerung und den Würdenträgern in den betroffenen Hafenstädten und Einzugsgebieten entsprechend wenig Unterstützung. Auf ganz unterschiedliche Weise versuchten sie deshalb, die Umsetzung der Vertragsordnung zu verhindern. Sabotage, Verzögerungen und Übergriffe auf Ausländer führten zu erneuten Angriffen durch Großbritannien und Frankreich, die als »Zweiter Opiumkrieg« in die Geschichte eingingen. 1860 eroberte ein britisch-französisches Expeditionskorps Beijing und zerstörte den Sommerpalast des chinesischen

Kaisers, Yuanming Yuan. Lord Elgin, Anführer der britischen Streitkräfte und Delegation zugleich, »ließ [...] den wegen seiner architektonischen Schönheit weithin berühmten Sommerpalast [...] niederbrennen, nachdem er zuvor von den Franzosen geplündert worden war«.[17]

Die Verträge von Peking 1860 stellten eine erweiterte Ratifizierung der Verträge dar, die China 1858 jeweils mit Großbritannien, Frankreich, den Vereinigten Staaten und Russland in Tianjin (Tientsin) unterzeichnet hatte. Die Verträge errichteten ein Gebäude ausländischer Privilegien, die durch die Anwendung der sogenannten Meistbegünstigungsklausel allen Fremdländern zugutekamen. Diese Klausel hatten die Briten dem chinesischen Kaiserhof bereits 1843 in einem Zusatzvertrag zum Nanjing-Vertrag aufgezwungen: »Sollte es dem Kaiser in der Folge aus welchem Grund auch immer gefallen, Untertanen oder Bürgern eines fremden Landes zusätzliche Privilegien oder Befreiungen zu gewähren, werden die gleichen Privilegien oder Befreiungen auch auf die britischen Untertanen ausgedehnt.«[18]

Die Verträge von 1860 durchlöcherten die Souveränität der Qing insofern, als sie die Kontrolle über lebenswichtige Elemente der chinesischen Handels-, Sozial- und Außenpolitik verloren. Durch diese Verträge wurde ganz China für ausländische Reisende zugänglich gemacht und christlichen Missionaren die ungehinderte Betätigung in allen Provinzen garantiert. Ausländischen Kirchen und Priestern war es fortan erlaubt, Immobilien in China zu besitzen. Zudem wurden elf neue Hafenstädte für den ausländischen Handel geöffnet, darunter auch die Handelsmetropolen Tianjin und Hankou, Teil der Stadt Wuhan damals wie heute. Ab 1860 durften zivile Dampfschiffe unter fremder Flagge und Kanonenboote der Vertragsmächte chinesische Binnen- und Küstengewässer frei und ohne Genehmigung befahren. Außerdem verpflichteten sich die Qing, die Importgüter von hohen Binnenzöllen zu befreien. Und schließlich zwangen die westlichen Mächte den chinesischen Kaiserhof, die »zivilisierten« diplomatischen Umgangsformen des Westens zu akzeptieren und damit bei Audienzen von ausländischen Gesandten auf den Kotau zu verzichten. Auf Drängen der Großmächte wurde die Akkreditierung ihrer Gesandten in Peking zugelassen und eine Art Außenministerium namens *Zongli Yamen* errichtet, das die Aufgabe hatte, alle auswärtigen Angelegenheiten abzuwickeln.[19]

Unter dem territorialen Aspekt war Russland der größte Gewinner des Vertragswerks von 1858/1860. Raffiniert nutzten die russischen Unterhändler die chinesische Bedrängnis aus und zwangen die Qing zur Unterzeichnung zweier Verträge, die China verpflichteten, große Gebiete im Norden an Russland abzutreten. Der Vertrag von Aigung (1858) sah die Abtretung aller Gebiete am linken Ufer des Amur an Russland vor. Im Vertrag von Peking (1860) verpflichtete Russland die Qing-Regierung, nicht nur die Trans-Amur-Region, sondern auch das Trans-Ussuri-Gebiet abzutreten, dessen 600 englische Meilen lange Küstenlinie von der Mündung des Amur bis zur Nordgrenze Koreas reichte. Die geostrategische Bedeutung dieses territorialen Gewinns für Russland fasst der

Asienexperte Gottfried-Karl Kindermann anschaulich zusammen:

> »Hierdurch erhielt Russland eine direkte Landverbindung mit Korea. China hingegen verlor jeglichen direkten Zugang zum Ochotskischen Meer, zum Tatarensund und zum Japanischen Meer, so dass den mandschurischen Nordostprovinzen Chinas (der sogenannten Mandschurei) nur noch im Süden an der Liaotung-Halbinsel ein Zugang zum Meer verblieb. Russland hatte seine pazifischen Küstengebiete derart ausdehnen können, dass das mandschurische Stammland der in China herrschenden [Qing-Dynastie] (Ch'ing-Dynastie) jetzt von drei Seiten von russischem Gebiet umgeben war. Russlands wertvollster Gewinn bestand aber in dem an der Nordgrenze Koreas gelegenen vorzüglichen Hafen, den die Regierung in St. Petersburg Wladiwostok, ›Beherrscher des Ostens‹, nannte.«[20]

Nach der Meiji-Restauration im Jahre 1868 entwickelte sich Japan rasch zu einem modernen Staat und reihte sich in die Mächte ein, die ins Reich der Mitte eindrangen. Die Konkurrenz um Einfluss auf Korea führte zum Ausbruch des Chinesisch-Japanischen Krieges am 1. August 1894, in dem China katastrophale Niederlagen hinnehmen musste. Nachdem die chinesischen Streitkräfte zu Land in Korea und der Mandschurei und auch zur See vernichtend geschlagen worden waren, kam es am 17. August 1895 zur Unterzeichnung des chinesisch-japanischen Friedensvertrags von Shimonoseki (chinesisch: Maguan). In diesem Vertrag verpflichtete Japan die Qing-Regierung, die vollständige Unabhängigkeit und Autonomie Koreas anzuerkennen, was unter den gegebenen Umständen nichts anderes bedeutete als die Umwandlung Koreas von einem chinesischen Protektorat zu einem japanischen Einflussgebiet. Außerdem hatte China den Südteil der strategisch wichtigen Liaodong-Halbinsel und die Insel Taiwan an Japan abzutreten, vier weitere Vertragshäfen zu öffnen und Kriegsentschädigungen in Höhe von 200 Millionen Tael zu zahlen. Auf die Liaodong-Halbinsel musste Japan jedoch verzichten, nachdem Russland, Deutschland und Frankreich Einspruch dagegen erhoben hatten.[21] Es war die russische Regierung, die unter Berufung auf diesen gemeinsamen Einspruch, Tokio drängte, die Halbinsel an China zurückzugeben. Japan lenkte ein, wohl wissend, dass mit Unterstützung aus den USA und Großbritannien nicht zu rechnen war, wenn Russland versuchen würde, sein Anliegen militärisch durchzusetzen.[22] Als Kompensation dafür erhielt Japan von China zusätzlich 30 Millionen Tael Entschädigung.

Der Vertrag von Shimonoseki leitete eine neue Stufe der Unterwerfung Chinas durch fremde Mächte ein. Über die Landesöffnung und Souveränitätseinschränkung hinaus wurde nun begonnen, das chinesische Territorium in Einflusssphären fremder Mächte aufzuteilen. In der Folge von Japan drängten andere Mächte nach und kämpften um chinesische Konzessionen und Pachtgebiete. So wurde China innerhalb von drei bis vier Jahren nach dem Chinesisch-Japanischen Krieg de facto in britische (Zentralchina und Tibet), französische (Süd- und Südwestchina), japanische (Küstenzone gegenüber Taiwan) und russische (Nordprovinzen Xinjiang, Mongolei und Mandschurei) sowie deutsche (Provinz Shandong mit der Hafenstadt Qingdao) Einflusssphären aufgeteilt.

Unter den Großmächten des 19. Jahrhunderts gab es nur zwei, die darauf verzichteten, von China die Abtretung von Pachtgebieten oder Stützpunkten zu verlangen: die Vereinigten Staaten von Amerika und Österreich-Ungarn. In der Tat verfolgte die US-amerikanische Regierung seinerzeit eine Chinapolitik, die unter dem Begriff »Doktrin der offenen Tür« in die Geschichte eingegangen ist. Nach dieser Doktrin sollten alle Länder allen anderen Ländern freien Zutritt zu ihrem Einflussgebiet gestatten. Diese Politik zielte darauf ab, durch den Erhalt einer handlungsfähigen Zentralregierung einen kontinuierlichen Handel mit China ebenso zu verteidigen wie Chinas formelle Integrität gegenüber dritten Mächten. Nur Japan erhob Widerspruch gegen diese Doktrin[23] und versuchte, sie mithilfe einer Geheimvereinbarung mit Russland zu torpedieren. Dennoch war es eine Doktrin[24], die China offensichtlich vor einer totalen Kolonialisierung bewahrt hat.

In den letzten Jahren des 19. Jahrhunderts verstärkten die Fremdmächte ihre Expansionsvorstöße im Reich der Mitte und setzten die Qing immer stärker unter Druck. Enttäuscht von der Unfähigkeit der Qing-Regierung, sich gegen die fremden Forderungen durchzusetzen, und in Angst davor, China könne »wie eine Melone aufgeschnitten werden« (Chinesisch: *quafen*), bildete sich im chinesischen Volk eine fremdenfeindliche Kraft: die Boxerbewegung. Angefangen im deutschen Einflussgebiet, der Provinz Shandong, und ursprünglich als Antwort auf die Provokation westlicher Missionare und ihrer chinesischen Konvertierten entstanden, hatte sich die Boxerbewegung im Frühjahr 1900 rasch ausgebreitet. Ihre Mitglieder griffen Ausländer an, zerstörten ihre Einrichtungen und misshandelten auch chinesische Konvertierte. Nach einer anfänglichen Verzögerung und halbherzigen Unterdrückung stand die Qing-Regierung letztlich hinter dem Boxeraufstand, ohne jedoch die Bewegung mit modernen Militäreinheiten aktiv zu unterstützen oder zentral zu koordinieren.

Besorgt um das Leben und die Sicherheit ihrer Botschaftsangehörigen in Peking, deren Gelände von Boxern belagert waren, entsandten acht Mächte von Tianjin aus ein 20 000 Mann starkes Expeditionskorps in die chinesische Hauptstadt, das sich hauptsächlich aus Japanern (8000), Russen (4800), Briten (3000), US-Amerikanern (2000) und Franzosen (400) zusammensetzte. Während der langwierigen und erbitterten Kämpfe in Peking traf schließlich auch ein deutsches Korps zur Verstärkung ein. Kaiserinwitwe Cixi und ihr Neffe Guangxu (Kaiser von China 1875 bis 1908) flohen nach Xi'an, woraufhin der Widerstand der Boxerbewegung bald zusammenbrach. Am 7. September 1901 unterzeichnete die Qing-Regierung das förmlich als Friedensvertrag geltende »Boxerprotokoll« (chinesisch: *Xinchou-Tiaoyue*) mit Großbritannien, Japan, Frankreich, Deutschland, Italien, Russland, den Vereinigten Staaten, Spanien, Holland, Belgien und Österreich. Das Protokoll, das von den Chinesen als demütigend betrachtet wurde, verpflichtete die Qing-Regierung unter anderem zur Zahlung einer Kriegsentschädigung in Höhe von 450 Millionen Tael (nach damaligem Kurs rund 67 Millionen Pfund oder 333 Millionen US-Dollar). Diese Summe entsprach ungefähr dem Doppelten des jährlichen Staatseinkommens der Qing, das rund 250 Millionen Tael betrug.[25]

Die Boxerbewegung war der erste Versuch, das während der 60 Jahre nach dem Opiumkrieg in der chinesischen Gesellschaft herausgebildete »Wir-Gefühl« zu mobilisieren. Dieses Zusammengehörigkeitsgefühl war sowohl gegen die Fremdmächte als auch gegen die Mandschus gerichtet. Auch wenn die Boxerbewegung durch einen primitiven Fremdenhass geprägt war, bildete sie doch den Keim des modernen chinesischen Nationalismus. Es sollte nicht mehr lange dauern, bis die chinesischen Intellektuellen die Abschaffung der mandschurischen Herrschaft als den ersten Schritt zur Befreiung der chinesischen Nation von fremder Bestimmung verstanden und diese in Angriff nahmen.

Am 10. Oktober 1911 brach in Wuchang, Hauptstadt der Provinz Hubei am Jangtsekiang, die Revolution gegen die Qing-Herrschaft aus. Diese Revolution führte zur Gründung der Republik China am 1. Januar 1912 in Nanjing. Sun Yat-sen, der Führer der republikanischen und nationalistischen Bewegung, wurde von den Vertretern der gegen die Qing-Regierung rebellierenden Provinzen zum »Provisorischen Präsidenten« der Republik gewählt. Sun musste aber nach nur wenigen Monaten zurücktreten und die Präsidentschaft an Yuan Shikai abgeben. Yuan, der mächtigste Militärmachthaber der Qing-Regierung, gab schon im Vorfeld der Machtübernahme zu verstehen, dass er nur bereit wäre, den Qing-Kaiser zur Abdankung zu zwingen, wenn Sun ihm die Macht übergäbe. Nach dem Tod von Yuan im Jahr 1916 zerfiel China in mehrere Teilgebiete, die von den sogenannten Kriegsherren (Warlords) beherrscht wurden. Erst 1927/1928 konnte die formale Einheit des Landes wiederhergestellt werden, nachdem General Chiang Kai-shek mit seinem »Nordfeldzug« die »Kriegsherren« bezwungen und in Nanjing das Regime der Guomindang (Kuomintang) errichtet hatte.

Zehn Jahre lang (1927–1937) konnte Chiang Kai-shek von Nanjing aus China regieren, bis er Ende 1937, gedrängt durch den japanischen Eroberungskrieg, seinen Regierungssitz nach Chongqing im schwer zugänglichen Südwestchina verlegte. Die Zeit des Widerstandskrieges gegen Japan von 1937 bis 1945 wurde durch Japans Kapitulation im August 1945 beendet. Chiang kehrte mit seiner Regierung nach Nanjing zurück, geriet aber bald in den Bürgerkrieg mit den Kommunisten unter der Führung von Mao Zedong. Chiang verlor den Krieg und floh Ende 1949 mit etwa zwei Millionen Soldaten und Regierungsbeamten nach Taiwan.

Während der Ära der Republik von 1912 bis 1949 gingen die Einflüsse der europäischen Mächte auf China spürbar zurück, da sie durch den Ersten Weltkrieg von 1914 bis 1919 und durch die Weltwirtschaftskrise der 1930er-Jahre stark in Anspruch genommen wurden. Im Großen und Ganzen reduzierte sich die Anzahl der Fremdmächte, die nach wie vor versuchten, Chinas Schicksal und seine Position in der Weltpolitik zu bestimmen, auf drei: Japan, die Sowjetunion und die Vereinigten Staaten. Am Ende des »Großen Spiels« ging die Sowjetunion als Gewinner hervor: Japan wurde 1945 durch den chinesischen Zermürbungskrieg, den sowjetischen Einmarsch in die Mandschurei und durch die amerikanische Atombombe in die Knie gezwungen und gezähmt, während die Vereinigten Staaten 1949 mit Blick auf den kommunistischen Sieg im chinesischen Bürgerkrieg den »Verlust Chinas« einräumen mussten.

Aber hat der Westen China wirklich verloren? Militärisch und machtpolitisch lässt sich diese Frage vielleicht mit einem deutlichen »Ja« beantworten, aber nicht zivilisatorisch und wertorientiert. Durch die intensiven Berührungen und Begegnungen mit dem Westen insbesondere seit dem Opiumkrieg 1840/1842 ist das Land unverkennbar westlicher geworden. Westlicher in dem Sinne, dass die traditionelle zentrale Denkkategorie, das kosmopolitische Postulat *tianxia*, durch das Ideal der Nation ersetzt wurde. Nicht mehr die grenzenlose »Herrschaft unter dem Himmel« wird als wertvoll und damit als erstrebenswert betrachtet, sondern eine »reiche und starke Nation«. Nicht mehr die moralistische Kultivierung der »Barbaren«, sondern die Verteidigung der nationalen Souveränität und territorialen Integrität gilt als heilig. Die kosmopolitischen Wertvorstellungen haben den nationalistischen Idealen Platz gemacht. Es ist dem Westen gelungen, wenn auch unbewusst und wohl kaum im Sinne eines Leitmotivs, das Reich der Mitte »nationalistisch« zu bekehren. Der Bekehrungsprozess war für die Chinesen zweifellos blutig und schmerzhaft. Doch letztendlich beharren sie freiwillig und hartnäckig auf der Unantastbarkeit der Nation, weil sie nun von Korrelationen zwischen Würde, Macht, Wohlstand und Reichtum einerseits und der Lebensform »Nation« mit ihrer souveränen Kontrolle über Bevölkerung und Territorium andererseits fest überzeugt sind.

In diesem Sinne wirkt der Zusammenprall zwischen dem Reich der Mitte und dem Westen wie ein Lehrgang der Moderne, wenngleich die Chinesen nicht freiwillig daran teilgenommen haben. Vielmehr wurde er ihnen mit Kriegsschiffen und Gewehren aufgezwungen. Aus der Demütigung aber wurde eine Lektion. Die 150 Jahre andauernden Kraftproben haben unmissverständlich aufgezeigt, was zählt, wenn man sich durchsetzen und selbst herrschen will: eine starke Nation mit allen entsprechenden wirtschaftlichen, militärischen und technologischen Kapazitäten.

Der Westen hat China verändert. Die europäischen Seefahrer, die 1517 das Land entdeckt haben, konnten nicht ahnen, wie europäisch das exotisch aussehende fernöstliche Land werden könnte und mit welcher Gründlichkeit deren politische Führungen die später nach dem Westfälischen Frieden entwickelten nationalistischen Werte verinnerlichen würden. Auch die Jesuiten, die im Rahmen der Verwirklichung ihrer Weltmission Mitte des 16. Jahrhunderts nach China gekommen, aber mit ihrem Ziel der christlichen Bekehrung des Landes gescheitert waren, müssen einräumen, dass die Kräfte der Waffensysteme ihrer Regierungen bei den hoch zivilisierten Chinesen weit effektiver wirkten als all ihre Missionierungsaktionen, wenn es um die Herbeiführung von Veränderungen der Wertvorstellungen ging. Vor dem Opiumkrieg war China noch ein idealistisch-kosmopolitisches Land, ausgehend von der Grundüberzeugung, dass Harmonie durch die »Herrschaft unter dem Himmel« realisierbar sei. Doch nach der Feuertaufe der 150 Jahre machtpolitischer Demütigung durch die Europäer wurde es ein neues Land. Völlig emanzipiert von seinem *Tianxia*-Postulat bekennt es sich heute ohne Vorbehalt zu den nationalistischen Weltanschauungen, die von den Europäern entwickelt und weltweit durchgesetzt wurden.

Dass China im Hinblick auf seine nationalstaatliche Weltanschauung eher in Kontinuität zu westlichen Vorstellungen steht als zu den eigenen Traditionen, ist unbestreitbar. In diesem Sinne ist China eher europäisch denn chinesisch, auch wenn das postmoderne Europa im Zuge der europäischen Integration dabei ist, sich von der Idee der Nationalstaaten zu verabschieden und sich zu einem supranationalen Staatsgebäude im Sinne einer europäischen politischen Union zu entwickeln. Aber dies ändert nichts daran, dass das Reich der Mitte von europäischen Staatsideen bekehrt wurde, und zwar mit dem Resultat tiefer Überzeugung. Gan Yang, ein Philosophieprofessor in China, vertritt sogar die Auffassung, dass der größte Aberglaube Chinas heute der Glaube an den Westen sei, »speziell gegenüber einer bestimmten

Entwicklungsstufe des Westens«.[26] Ihm zufolge könne sich China nur vorwärts bewegen, wenn es ihm gelänge, jenen »Aberglauben an den Westen« abzuwerfen und zu seinen ursprünglichen Wertvorstellungen zurückzukehren.

Dieser Geschichtsauffassung und philosophischen Ansicht wohnt offensichtlich die Vorstellung inne, dass Änderungen von Wertvorstellungen, die durch bewusste und unbewusste Interaktionen und Austausche zwischen Weltkulturen entstanden sind, beliebig entfernt oder rückgängig gemacht werden können. Das ist natürlich eine Illusion, ein Irrtum. Ins chinesische geistige Blut sind während der letzten 150 Jahre der Dauerinfusion fremder Ideen bereits massive europäische Werte injiziert worden. Im intellektuellen Blut des modernen China sind die urchinesischen und die westlichen Ingredienzen längst nicht mehr zu trennen. Sie sind eins geworden und wurden in die modernen chinesischen Staatsvorstellungen integriert. Diese Logik erklärt Hans-Jürgen Lüsebrink, Inhaber des Lehrstuhls für Romanistik und Interkulturelle Kommunikation an der Universität des Saarlandes, mithilfe des folgenden Arguments: »Auch wir sind von anderen Kultursphären beeinflusst. Und es ist einfach zu spät zu sagen, dass wir uns nur auf unsere eigenen Werte konzentrieren sollten. Wir können die Werte, Ideen und Begriffe, welche von anderen Zivilisationen und Kulturen stammen, zwar überdenken, aber wir können sie nicht einfach weglassen.«[27]

Anmerkungen

1 Spence, Jonathan D.: *Chinas Weg in die Moderne*, Hanser: München 1995, S. 12.
2 Weggel, Oskar: *Die Asiaten*, Deutscher Taschenbuch Verlag: München ²1997, S. 65 f.
3 Vgl. Gu, Xuewu: *Konfuzius zur Einführung*, Junius: Hamburg ²2008, S. 63 ff.
4 Vgl. hierzu: Schmidt-Glintzer, Helwig: Wachstum und Zerfall des kaiserlichen China, in: Herrmann-Pillath, Carsten / Lackner, Michael (Hrsg.): *Länderbericht China. Politik, Wirtschaft und Gesellschaft im chinesischen Kulturraum*, Bundeszentrale für Politische Bildung: Bonn 1998, S. 79–101, S. 82 f.
5 Zu einer prägnanten Darstellung der Geschichte des chinesischen Dynastiewechsels vom Altertum bis zur Qing-Dynastie (1644–1911) vgl. Schmidt-Glintzer, a.a.O., S. 82 f.
6 Vgl. hierzu: Spence, a.a.O., S. 151 ff.
7 Kindermann, Gottfried-Karl: *Der Aufstieg Ostasiens in der Weltpolitik 1840–2000*, Deutsche Verlags-Anstalt: Stuttgart und München 2001, S. 30 f.
8 Lim, Robyn: *The Geopolitics of East Asia*, Routledge: London und New York 2005, S. 14.
9 Friemuth, Cay: *Friedrich der Große und China*, Wehrhahn Verlag: Hannover 2012, S. 99.
10 Ebd.
11 Ebd., S. 101.
12 Wang, Xiaoqiu: *Jindai zhongri wenhua jiaoliu shi* (Geschichte des Kulturaustausches zwischen China und Japan in der Neuzeit), Beijing 2000, S. 14 ff.
13 Diese Darstellungen wurden leicht modifiziert von Kindermann übernommen. Zu Ursachen, Verlauf und Nachwirkungen des Opiumkrieges und zu den nachstehenden Darstellungen vgl. ausführlich: Kindermann, a.a.O., S. 29 ff.; Spence, a.a.O., S. 191 ff.; Osterhammel, Jürgen: China und der Westen im 19. Jahrhundert, in: Herrmann-Pillath, Carsten / Lackner, Michael (Hrsg.): *Länderbericht China. Politik, Wirtschaft und Gesellschaft im chinesischen Kulturraum*, Bundeszentrale für Politische Bildung: Bonn 1998, S. 102–117, S. 106 ff.
14 Lim, a.a.O., S. 17.

15 Kindermann, a.a.O.
16 Lim, a.a.O, S. 17.
17 Kindermann, a.a.O., S. 38.
18 Zitiert nach Spence, a.a.O., S. 202f.
19 Osterhammel, a.a.O., S. 108.
20 Kindermann, a.a.O., S. 44.
21 Kindermann, a.a.O., S. 75f; Lim, a.a.O., S. 19f.
22 Beasley, William G.: *The Rise of Modern Japan*, Phoenix: London ³2000, S. 147.
23 Kindermann, a.a.O., S. 76f.
24 Beasley, a.a.O., S. 152f.
25 Vgl. hierzu: Spence, a.a.O., S. 287; Li, Lianqing u.a.: *Zhongguo Waijiao Yanyi* (Kommentierte Geschichte der Diplomatie Chinas), Beijing 1995, S. 298ff.
26 Stiftung Mercator: *Aufklärung im Dialog. Eine deutsch-chinesische Annäherung*, Essen 2013, S. 45.
27 *Aufklärung im Dialog*, a.a.O., S. 45.

KAPITEL 3

Was China und den Westen voneinander trennt

Zweifelsohne ist es für China zu spät, sich von westlichen Ideen und Werten zu befreien, die es sich durch Berührungen und Austausch über Generationen hinweg angeeignet hat. Aber das Land ist dadurch nicht etwa zu einem Bestandteil des Westens geworden. Im Gegenteil: China versteht sich als dem Westen gegenüber eigenständig und weigert sich hartnäckig, politisch dazuzugehören. Offensichtlich war die chinesische Aneignung der westlichen Ideen zu selektiv, wenn nicht zu oberflächlich.

Die Leidenschaft, mit der Japan versucht, sich systematisch in die westliche Welt zu integrieren, ist in China nicht vorhanden. In der Tat bleibt es für viele Chinesen ein Rätsel, woher die Japaner die Kraft nehmen, sich weltanschaulich mit dem Westen zu identifizieren, nachdem die Vereinigten Staaten zur Beschleunigung der Beendigung des Zweiten Weltkriegs zwei Atombomben auf das Land abgeworfen hatten. Viele Chinesen vertreten zwar die Auffassung, dass Japan wegen seiner schrecklichen Verbrechen an den Asiaten während des Zweiten Weltkriegs diesen atomaren Schlag verdient hätte. Sie haben jedoch zugleich erhebliche Probleme, intellektuell zu begreifen, wie die fast 400 000 getöteten Zivilisten in Hiroshima und Nagasaki mit der leidenschaftlichen Hinwendung der Japaner zum Westen vereinbar sind.

Jedenfalls bleibt es für die Mehrheit der Chinesen schwierig, die Demütigung und den Schmerz, die sie während der Jahre der europäischen Halbkolonialherrschaft über das Land erlitten haben, zu vergessen, und sich ohne Weiteres gesellschaftlich und politisch in die westliche Welt zu integrieren, auch wenn ihre Gedankenwelt und ihr Verhalten bereits stark von Europa beeinflusst worden sind.

Dass China nicht zum Westen gehört, ist nicht nur eine chinesische Festlegung, sondern auch eine allgemeine Wahrnehmung im Westen. In diesem Sinne bestätigt der Westen das chinesische Selbstverständnis, indem er das Land grundsätzlich seit jeher als exotisch und nicht dem Westen zugehörig betrachtet.[1] Mit anderen Worten: Die chinesische Abgrenzung zum Westen und die westliche Wahrnehmung stimmen überein. Indem der Westen China konsequent als ein dem westlichen Wesen fremdes Land behandelt hat, hat er zu seiner Entfremdung und damit zur Entstehung eines antiwestlichen China entscheidend beigetragen. Dies hat dazu geführt, dass der Widerwille der Chinesen gegen eine Identifikation mit dem Westen und derjenige der Westler gegen die

Anerkennung Chinas als Mitglied der westlichen Wertegemeinschaft gleich stark sind. China und der Westen identifizieren sich also nicht miteinander. Im Gegenteil: Sie nehmen sich gegenseitig als fremd wahr. Mit anderen Worten: Sie betrachten sich einfach intersubjektiv als gegenseitig nicht zugehörig und weltanschaulich unverbunden.

Wie lässt sich aber diese gegenseitige Entfremdung genauer erklären? Hat dieser Prozess nur mit der historischen Erfahrung der Halbkolonialherrschaft europäischer Mächte über China zu tun? Vertreter moderner sozialkonstruktivistischer Theorien werden diese Frage differenzierter analysieren. Theoretisch beantworten Identitäten in der Regel die Fragen »Was bin ich?« und »Was will ich?«. Das intersubjektive Wissen befähigt die miteinander kommunizierenden Parteien, jeweils bestimmte Vorstellungen von der anderen Seite zu haben. Identität im Sinne der Antwort auf die Frage nach dem Selbst stellt sich aber nicht ein, wenn man lediglich versucht, seine eigene Rolle nur subjektiv auf sich bezogen zu definieren. Das Selbstbild entsteht vielmehr intersubjektiv, es ist also das Produkt eines Interaktionsprozesses, den der Sozialkonstruktivist Alexander Wendt als *social learning*[2] bezeichnet. Diese Sichtweise scheint einen Schlüssel zu liefern, um die Entfremdung zwischen China und dem Westen strukturell zu verstehen.

Soziales Lernen heißt hier also, bei der Entwicklung eigener Identitäten oder bei der Findung eigener »sozialer Rollen« ständig die Wahrnehmung seiner selbst durch die Augen der anderen zu reflektieren und zu verinnerlichen. As Vorstellungen von B stellen daher nicht nur eine passive Wahrnehmung von etwas dar, das unabhängig von A existiert. Vielmehr spielen sie eine aktive und andauernde inhaltsbildende Rolle bei der Entstehung des Eigenverständnisses von A in Relation zu B und umgekehrt. Mit anderen Worten: Wer B aus seiner eigenen Sicht ist, hängt mit davon ab, wer er aus As Sicht ist und wie er dessen Sicht reflektiert. Dies bedeutet, dass B bei der Beantwortung der Frage »Was bin ich?« aktiv As Sicht über seine Rolle reflektiert und verinnerlicht. In diesem Sinne sagt Wendt: Identifikation mit eigenen Rollen findet statt, indem man bei der Selbsterfindung die fremden Meinungen mitberücksichtigt.[3] Damit wird der Kern der Herausbildung einer sozial konstituierten Realität angesprochen, die auf die Entfremdung zwischen China und dem Westen zu übertragen ist.

Wenn wir die chinesisch-westliche Entfremdung als eine soziale Realität betrachten, dann ist diese Realität das Ergebnis gegenseitiger Reflexion und der Verinnerlichung von Rollenverständnissen, die die chinesischen und westlichen Meinungsführer jeweils in Bezug auf die Gegenseite entwickelt haben. In der Tat hat die westliche Wahrnehmung Chinas als einer »Bedrohung für die Welt« (von der historischen Gelbe-Gefahr-Theorie zur aktuellen Wahrnehmung Chinas als eine Spionagenation) stets eine konstituierende Rolle bei der Entstehung chinesischer Entfremdung gespielt. Konstituierend deswegen, weil sie die Chinesen in ihrem Selbstverständnis als »nicht westlich« entscheidend bestätigt hat. Sie hat maßgeblich dazu beigetragen, die kontinuierliche Neubestimmung der eigenen Rolle als nicht dem Westen zugehörig zu verinnerlichen und dieses Selbstgefühl psychologisch zu festigen. So entspricht dieses Gefühl ungefähr der Aussage: »Der Westen setzt uns herab und betrachtet uns als nicht zugehörig.«

Es gibt nur wenige Chinesen, die über die von China faszinierten Jesuiten informiert sind. Viele von ihnen, insbesondere die Gelehrten und Akademiker, wissen aber, dass Chinas Vorbildfunktion für eine gesellschaftliche und politische Umstellung in Europa, wie sie von Leibniz und Voltaire idealisiert wurde, schon längst verschwunden ist. Wie Cay Friemuth bemerkt: »Als dem Land, in dem die Gesellschaft still steht, gilt China seit der Französischen Revolution die Verachtung der Fortschrittsgläubigen und die Sympathie der Romantiker.«[4] Die überwiegend negative Wahrnehmung Chinas in den veröffentlichten westlichen Meinungen seit der Französischen Revolution trägt eine nicht zu unterschätzende Verantwortung für diese Veränderungen des Chinabildes in der westlichen Welt. Und die Verschlechterung des Chinabildes im Westen sorgt ihrerseits maßgeblich für eine Vertiefung der Entfremdung der Chinesen gegenüber dem Westen.

Auch in Deutschland wirkt sich die Medienberichterstattung über China massiv konstituierend auf die Vertiefung der Entfremdung zwischen den beiden Ländern aus. Dies lässt sich beispielsweise deutlich an der enttäuschten und gekränkten Reaktion der Chinesen auf einen Focus-Bericht über angebliche Spionage aus China erkennen. Man war entsetzt und fühlte sich in seinem subjektiven Gefühl, wonach China keine Chance habe, Gegenliebe bei den Deutschen beziehungsweise den Westlern zu finden, egal wie es sich anstrengt, intersubjektiv bestätigt. Um dieses Phänomen zu verstehen, scheint es zuallererst angebracht, besagten Focus-Bericht mit dem Titel »Praktikanten, Wissenschaftler, Cyber-Attacken: Wie das Reich der Mitte in Deutschland heikles Wirtschafts-Know-how abgreift« auszugsweise zu lesen.

»Niemand plündert so ungeniert im geistigen Eigentum anderer Länder wie China«, wird bereits im ersten Satz ein »IT-Sicherheitsexperte« zitiert.

> *»Datenklau sei dort ein staatlich zumindest geduldeter Teil der Wirtschaftsförderung. Der Befund von Spionageprofis: In Deutschland leben 94 000 Chinesen, davon 26 000 Studenten – und Botschaften oder Konsulate wissen über jeden einzelnen Bescheid. Mindestens 30 000 Chinesen kommen auf Grund ihrer Tätigkeit in Frage, vom Geheimdienst angeworben zu werden. ›Wenn es dazu kommt, kann sich kaum jemand weigern. Der Druck ist enorm.‹«*[5]

Der entfremdende Effekt war perfekt. In Reaktion auf die Wellen der deutschen Berichte über chinesische Spionage im Frühjahr 2013 schlug ein chinesischer Universitätsprofessor, der in Deutschland studiert hatte, der chinesischen Regierung auf einer Veranstaltung in Peking vor, sowohl ihre gesetzlichen als auch ihre politischen Anstrengungen für mehr Gewährleistung des Schutzes geistigen Eigentums zu beenden. China sollte, so der Vorschlag, dem Westen deutlich machen, dass es nicht mehr bereit sei, »nach der Musik der im Westen erfundenen Idee vom Schutz des geistigen Eigentums zu tanzen«. Vielmehr solle China offen und klar mithilfe von Imitation und Kopie die Überholung des Westens beschleunigen. Strategisch solle sich China von der Passivität gegenüber dem Westen befreien, indem es dessen Monopol auf technologischen Vorsprung, das unter dem Deckmantel des Schutzes geistigen Eigentums aufrechterhalten wird, bricht, um damit eine freie Verbreitung von Wissen auf globaler Ebene zugunsten nicht westlicher Staaten zu ermöglichen.

Dieses Beispiel zeigt, wie wirkungsvoll die Berichterstattung Entfremdungen zwischen den Völkern beeinflussen kann. In der Tat leben wir in einer Welt, in der der Medienberichterstattung eine immer größere Rolle bei der interkulturellen Entfremdung oder Annäherung zukommt, unabhängig davon, ob die Reporter und Reporterinnen subjektiv neutral berichten oder nicht. Eine Auffassung entsteht durch die Art und Weise, wie das Publikum die Berichterstattung reflektiert oder verinnerlicht. Da Zeitungen oder Magazine nicht über alles berichten können und aus Kapazitätsgründen gezwungen sind, selektiv vorzugehen, spielt die Selektivität bei der Vermittlung von Sympathie oder der Herbeiführung von Entfremdung eine entscheidende Rolle. In diesem Zusammenhang spricht der Politikwissenschaftler Giovanni Sartori von der Gefahr, dass sich aus einer »fama popularis, eine[r] Menge von rumores (Gerüchten)« als »öffentliche Meinung« entwickeln könne.[6]

Aus konstruktivistischer Perspektive lässt sich daher durchaus vermuten, dass die deutsche Medienberichterstattung eine nicht zu unterschätzende konstituierende Rolle bei der gegenwärtigen Vertiefung der deutsch-chinesischen Entfremdung gespielt hat, und zwar durch die ihr nicht zu entziehende und im Informationszeitalter durchaus übliche Selektivität der Berichterstattung. Einer Umfrage des China-Onlineportals Inter:Culture:Capital vom Frühjahr 2013 zufolge, empfanden 75 Prozent der Befragten die deutsche China-Berichterstattung als zu negativ. Hingegen betrachteten 17 Prozent die Berichte als neutral, nur 8 Prozent als zu positiv.[7] Nach Auswertung dieses Informationsdienstes entsprachen die zitierten Werte den Ergebnissen, die durch einige groß angelegte Umfragen in den vorangegangenen Jahren ermittelt wurden. Die deutsche Berichterstattung zu China, so die zusammenfassende Analyse, sei »zeitweilig sehr selektiv, wenn nicht sogar [geprägt durch] negative Tendenzen«.

Strittig bleibt jedoch, warum die Selektivität häufig eine negative Neigung hat, obwohl auch eine positive Selektion möglich wäre. Kai Hafez, Kommunikationswissenschaftler an der Universität Erfurt, erklärt die negative Neigung mit der notwendigen Medienwirksamkeit, die nur durch eine starke thematische Selektivität garantiert werde.[8] Vor die Wahl zwischen »Tagespolitik« und »sensationalisierten Ausnahmen« gestellt, fallen die Entscheidungen der Medien überwiegend für die Letzteren. Die Verteidigung der deutschen Medien durch den ehemaligen ARD-Korrespondenten in Peking, Stefan Niemann, der äußerte, die deutschen Zeitungen, Magazine, Fernseh- und Radiosender berichteten »nicht unfairer« über das »Reich der Mitte« als über andere Länder,[9] kann zwar ohne Weiteres den Vorwurf der Diskriminierung Chinas gegenüber anderen Ländern entkräften, sie ist jedoch logisch nicht geeignet, die Kritik an den deutschen Medien insgesamt zurückzuweisen. Generell hält sich immer noch der Vorwurf, sie neigten dazu, über sensationelle und medienwirksame Themen, also negativ selektierend zu berichten, ohne auf ihre gesellschaftliche Verantwortung für eine ausgewogene Informationsversorgung zu achten. Dass ihnen dabei die Auswirkungen ihrer tendenziell auf sensationelle Themen konzentrierten Berichterstattung auf eine mögliche Entfremdung zwischen den Völkern nicht bewusst sind, scheint naheliegend.

Ist es wirklich so schwierig für die Medien, eine Ausgewogenheit zwischen Selektivität und Neutralität der Medienberichterstattung herzustellen? Nein, natürlich nicht. Es ist eine Frage des Willens oder eine Frage der Grundeinstellung der Redaktionen. Wir erinnern uns an die große Aufregung, die ein Beitrag des Sinologen Jörg-M. Rudolph von der Fachhochschule Ludwigshafen im November 2011 in der Frankfurter Allgemeinen Zeitung entfacht hat. Rudolph schrieb darin über die gezielte Verbreitung des chinesischen Konfuzius-Instituts in der Welt und vertrat die Auffassung, der gängige Vergleich zwischen dem deutschen Goethe-Institut und dem chinesischen Konfuzius-Institut sei nicht zulässig, auch wenn es sich bei beiden Institutionen um Einrichtungen auswärtiger Kulturpolitik handle. »[H]inter den Goethe-Instituten«, so das entscheidende Argument, »steht eine Demokratie, hinter den vermeintlich gemeinnützigen Konfuzius-Instituten verbergen sich Pekinger Zensoren«, und »[d]eren Geld nehmen viele Wissenschaftler gerne – auch in Deutschland«.[10] Damit erweckte er den Eindruck eines autokratisch-hinterlistigen China, das versuche, die *soft power* des kommunistischen Regimes unter dem Deckmantel »Konfuzius« global auszudehnen, auch auf deutschem Boden und in deutschen Universitäten.

Offensichtlich provoziert durch Rudolphs extrem kritische Einschätzung dieses Aspektes deutsch-chinesischer Hochschulzusammenarbeit veröffentlichte Karl-Heinz Pohl, selbst ein namhafter Chinaexperte und Professor für Sinologie an der Universität Trier, eine Woche später einen scharf formulierten Leserbrief in der gleichen Zeitung. Darin brachte der emeritierte Sinologe seine Enttäuschung über die Reduktion des gegenwärtigen Chinabildes in Deutschland »auf negative Ausschnitte« zum Ausdruck und zeigte sich entsetzt darüber, dass »die FAZ einem bekannten Sinophoben [nun] auch noch eine ganze Seite [gewährt], um seine Sicht auf das böse China darzutun«.[11]

Pohls Brief konnte zwar mit seinen Hinweisen auf Rudolphs sprachlich unzulängliche Übersetzungen dessen Glaubwürdigkeit relativieren, erreichte aber keine ähnliche Medienwirksamkeit wie der Artikel von Rudolph selbst, der auf einer ganzen FAZ-Seite abgedruckt worden war. Das Image des Konfuzius-Instituts als »böses Instrument« der kommunistischen Regierung verbreitete sich und setzte sich vermutlich bereits bei vielen Lesern gedanklich fest. Vermutlich trug der Artikel auch bei vielen Chinesen, die über diesen Vorgang informiert waren, zur Entfremdung bei.

Jedoch ist es für Rudolph persönlich legitim, seine Sicht so darzustellen, wie er es getan hat. Für die selektive Vorgehensweise der Zeitung war nicht er, sondern die Zeitung verantwortlich. Eine mehr auf Ausgewogenheit bedachte Redaktion hätte die ganze Seite geteilt und die andere Hälfte einem zweiten Aufsatz mit gegensätzlicher Sicht gewährt, um die einseitige Darstellung des chinesischen Konfuzius-Instituts zu vermeiden. Dieses Beispiel zeigt, dass der Schlüssel für eine ausgewogene Berichterstattung in den Händen der Redaktionen liegt. Sie hängt praktisch davon ab, ob und inwiefern sich die verantwortlichen Redakteure der Wirkungen ihrer Entscheidungen bewusst sind und sie sich wirklich um eine objektive Sicht und neutrale Einstellung zu den Objekten ihrer Berichterstattung bemühen. Es ist ein gewaltiger Unterschied, ob in den Medien in erster Linie ideologisch oder marktorientiert oder professionell gedacht und gehandelt wird.

Allerdings kann diese sozialkonstruktivistische Sichtweise nur die formalen Strukturen der Entfremdung zwischen China und dem Westen beleuchten. Es bleibt die inhaltlich-substanzielle Klärung der Frage nach dem, was die beiden großen Kulturkreise eigentlich trennt. Daher wäre es schlicht falsch, allein die Medien für die Entfremdung zwischen China und Deutschland verantwortlich zu machen. Verzerrte Chinadarstellungen oder

Vorurteile gegenüber China hat es im Westen immer gegeben. Die Spezialisten von Inter:Culture:Capital weisen zu Recht darauf hin, dass sich die Chinabilder in Europa »mit dem Scheitern der christlichen China-Mission im 18. Jahrhundert [...] tiefgreifend [verschlechterten]«:

> »*Das Land wurde nun – ganz im Gegensatz zu Leibniz' positiver Auslegung – als rückschrittlich und die chinesische Kultur als unterentwickelt herabgewürdigt. Verschlimmert wurde diese Entwicklung durch aufkommende Rassentheorien in Europa, die den Blick in die asiatische Fremde noch aggressiver gestalteten.*«[12]

In der Tat war die Zeit einer europäischen »Verbrüderung« mit China durch Gottfried Wilhelm Leibniz, Christian Wolff, Voltaire und Friedrich den Großen nur eine historische Episode im Zeitalter der europäischen Aufklärung, außerhalb welcher die Verachtung gegenüber China im Westen dominierte. Bis heute scheint es für die westlichen Eliten schwer, sich von der Vorstellung von China als einer »Bedrohung« zu befreien. Vor dem Hintergrund, dass die westlichen Mächte das chinesische Kaiserreich in den kriegerischen Auseinandersetzungen des 19. Jahrhunderts bereits total geschlagen und gezähmt haben, bleibt die andauernde Angst vor China umso rätselhafter. Auch der eindeutige Vorsprung des Westens gegenüber dem heutigen China in wissenschaftlichen, technologischen, wirtschaftlichen und militärischen Bereichen weist darauf hin, dass die übertriebene China-Angst der Westler nicht logisch zu erklären ist.

Haben die diffusen Ängste des Westens mit der Bevölkerungsstärke Chinas zu tun? Wenn dem so wäre, müsste sich der Westen auch vor Indien fürchten, das nach Berechnungen aller führenden demografischen Forschungsinstitute das Potenzial hat, Chinas Einwohnerzahl spätestens 2050 zu übertreffen. Aber Angst vor Indien lässt sich im Westen kaum spüren. Im Gegenteil: Die »größte Demokratie der Welt« wird vielmehr als natürlicher Partner des Westens wahrgenommen und dementsprechend behandelt. Hier kommt offenbar die Wertfrage ins Spiel. Denn es ist anzunehmen, dass es sich bei der westlichen China-Angst um etwas Grundsätzliches handelt, etwas, das China und den Westen hoffnungslos trennt. Normalerweise fühlt sich kein Volk von den spezifischen Wertvorstellungen eines anderen Volkes bedroht, solange es nur klein genug und harmlos scheint, so wie das sozialistische Laos oder das halb sozialistische Kuba. Aber das Wesen des Problems ändert sich zwangsläufig, wenn man mit dem fremden, völlig anderen moralischen Fundament einer Milliarden-Nation konfrontiert wird. Insbesondere wenn dieses als gegensätzlich zu dem des Westens betrachtet wird, dürfte eine Art Angst vor der »unmoralischen Masse« vorprogrammiert sein. Und da sich die Größe Chinas nicht dramatisch verkleinern wird oder seine moralischen Vorstellungen sich nicht weiter in Richtung des Westens zu ändern scheinen, bleibt die Angst hartnäckig bestehen. In diesem Zusammenhang erschließt sich die These dieses Buches, nach der die Kombination von Masse und Fremdwertvorstellungen die permanente Angst vor China im Westen begründet.

Da es sich bei der Größe Chinas oder vielmehr der Größe des chinesischen Volkes um ein demografisches, also um ein physisches Element handelt, dürfte sie nur eine sekundäre Rolle für die Dauerangst des Westens vor China spielen. Denn physische beziehungsweise materielle Elemente in einer Sozialbeziehung – so wie das sozial und interkulturell konstituierte Verhältnis zwischen China und dem Westen – gewinnen in der Regel nur durch die Natur der ideellen Beziehungen an verhaltensbestimmender Bedeutung. Damit sind wir erneut beim Konstruktivismus angelangt. Ihm zufolge erlangen materielle Ressourcen nur durch die Strukturen gemeinsam geteilter Vorstellungen, in die die Menschen eingebettet sind, Bedeutung für menschliche Handlungen. Als Beispiel könnte man sich mit Alexander Wendt folgenden Sachverhalt vorstellen: 500 britische nukleare Waffensysteme sind für die USA weniger bedrohlich als 5 solcher Waffensysteme in Nordkorea. Der Grund hierfür liegt darin, dass Großbritannien und die Vereinigten Staaten befreundet, Nordkorea und die USA aber verfeindet sind. »Freundschaft und Feindseligkeit«, so bekräftigt der Politologe Wendt, kommt die »Funktion von gemeinsam geteilten Vorstellungen« zu, die im Fall des Verhältnisses zwischen London und Washington lauten: »Wir sind Freunde«, im Fall des Verhältnisses zwischen Pjöngjang und Washington: »Wir sind Feinde«.[13]

Wir können in Anlehnung an diese konstruktivistische Sichtweise versuchen, den Charakter des chinesisch-westlichen Verhältnisses zu beleuchten. China und der Westen haben sich nie als Freunde verstanden, sondern häufig als Feinde und meistens als Rivalen. Zwischen ihnen gibt es keine geteilten Wertvorstellungen. Just aufgrund dieses Mangels an gemeinsamen Wertvorstellungen entfalten sich die gegenseitig als Bedrohung perzipierten Wirkungen der physischen Größen. Je größer die physische Masse bei weiterhin fehlender moralischer Übereinstimmung, desto stärker die wahrgenommene Bedrohung. Wenn diese Logik stimmt, müssen wir davon ausgehen, dass die China-Angst des Westens immer größer wird, je stärker das Land seine physische Macht entwickelt. Die Schieflage der ideellen »Chemie« wird ständig für ein Spannungsverhältnis zwischen ihnen sorgen, wenn diese ideelle Schieflage nicht durch eine grundsätzliche Verständigung, beispielsweise durch ein effektives Lernen voneinander, beseitigt oder zumindest korrigiert wird.

Aber wo stimmt die ideelle »Chemie« zwischen beiden Seiten nicht? Wenn wir uns dafür einsetzen, dass China und der Westen voneinander lernen, ist es notwendig, klar herauszuarbeiten, was die beiden Seiten trennt. Es ist zwar richtig, dass China und der Westen sich seit der Begegnung vor 500 Jahren gegenseitig beeinflusst haben. Insbesondere haben sich die Chinesen bereits viele Ideen aus dem Westen angeeignet und zum Teil praktisch umgesetzt. Marxismus, Sozialismus, Kapitalismus, Liberalismus, Christentum, das Sozialversicherungssystem, Idealismus und Anarchismus, sogar die Gesetzgebung für Erneuerbare Energien (das chinesische EEG ist ja eine buchstäbliche Kopie des deutschen EEG) – das alles sind Ideen beziehungsweise Institutionen, die aus dem Westen stammen und in China eingeführt wurden. Dennoch herrscht Entfremdung im Verhältnis zwischen den beiden Seiten. Nach wie vor scheint ein unsichtbares Etwas das Reich der Mitte und den Westen nachhaltig voneinander zu trennen. Ohne eine sichere Bestimmung dieses Faktors wäre ein gegenseitiges Lernen nicht ziel-, sondern irreführend.

Wenn wir nicht wissen, was genau uns unterscheidet, können wir auch nicht feststellen, in welchen Bereichen wir anfangen sollten, voneinander zu lernen. Wie lassen sich aber die Unterschiede – oder besser *der* Unterschied – zwischen China und dem Westen wirklich erkennen? Ist diese Aufgabe überhaupt zu bewältigen?

Eine dichotomische Vorgehensweise, wie sie von Aristoteles entwickelt wurde, könnte uns bei der Überwindung dieser Schwierigkeit methodisch behilflich sein. Den grundsätzlichen Unterschied zwischen Europäern und Asiaten hat Aristoteles versucht, anhand der Formel »Muth/Muthlos« darzustellen, eine Idee, die in der Tat auch aus heutiger Sicht anregend klingt:

»Die Völkerschaften nämlich, welche innerhalb der kalten Gegenden in Europa wohnen, sind zwar voll Muth, aber weniger mit Geist und Kunstfertigkeit begabt. Daher behaupten sie zwar leichter ihre Freiheit, aber sie sind zur Bildung staatsbürgerlicher Gemeinwesen untüchtig [...]. Die Völkerschaften Asiens dagegen sind klugen und kunstfertigen Geistes, aber ohne Muth. Daher leben sie in Unterwürfigkeit und Sklaverei.«[14]

Abgesehen davon, dass die geschichtlichen Entwicklungen in den letzten 2000 Jahren seine gewagte pauschalisierende These über die Völkercharaktere grundsätzlich widerlegt haben, bleibt festzustellen, dass Aristoteles nicht den Unterschied zwischen »europäischen und asiatischen Wertvorstellungen« untersucht hat. Bei »Muth«, »Geist und Kunstfertigkeit« handelt es sich ja typischerweise um Fähigkeiten der Menschen, nicht um Werte. Da wir glauben, wie oben diskutiert wurde, dass der grundlegende Unterschied, der China und den Westen voneinander entfremdet und trennt, im ideellen Bereich liegt, scheint es weniger sinnvoll zu sein, Aristoteles' These über die europäischen und asiatischen Fähigkeiten sowie ihre Auswirkungen auf die Eigenschaften ihrer Gemeinwesen zu vertiefen. Außerdem gibt es heute sehr viele Asiaten, die sowohl kunstfertig als auch mutig sind, und umgekehrt lassen sich ausreichend Europäer gleichzeitig als äußerst kunstfertig und mutig einordnen. Somit erscheint die Unterscheidung Aristoteles' zwischen Europäern und Asiaten nicht geeignet, um uns einen Schlüssel zum Verständnis des definierenden Unterschieds zwischen China und dem Westen liefern zu können. Aber seine dichotomische und gegenüberstellende Vorgehensweise bleibt ein interessanter Ansatz.

Zahlreiche Philosophen, Kulturwissenschaftler und Politiker haben sich schon die Köpfe zerbrochen – teils bewusst und teils unbewusst inspiriert von Aristoteles' Dichotomie der charakterlichen Eigenschaften –, um eine prägnante Formel zur Erfassung des Unterschieds zwischen dem Abendland und Asien zu entwickeln.

Nach Oskar Weggel hat diese leidenschaftliche Suche dazu geführt, dass mindestens sieben Dichotomien beziehungsweise Antithesen zur Verfügung stehen: Dynamik/Statik, Jugendlichkeit/Alter, Freiheit/Despotie, Geschichtlichkeit/Entwicklungslosigkeit, Verstandeskult/Gefühlskultur, Diesseits-/Jenseitsbezogenheit, Materialismus/Geistigkeit.[15]

Dem Chinaexperten Weggel ist darin zuzustimmen, dass all diese Formeln »dem Urteil der Zeit« nicht standgehalten haben. In der Tat kann man mit Blick auf China im Angesicht seines rapiden Aufstiegs von einem Agrarland zu einer führenden Handelsnation nicht mehr von »Entwicklungslosigkeit« sprechen. »Statisch« und »passiv« ist für das Reich der Mitte, das seit 30 Jahren ununterbrochen Jahreswachstumsraten von 9 bis 10 Prozent vorzuweisen hat, keine treffende Beschreibung mehr.

Was die Antithese von Freiheit/Despotie anbelangt, so gibt es Demokratiedefizite und Freiheitseinschränkungen nicht allein in China. Nicht zuletzt genießen die chinesischen Dorfeinwohner, die mehr als 70 Prozent des 1,34-Milliardenvolkes ausmachen, seit Jahren ein freies Wahlrecht bei der Bestimmung ihrer Dorfvorsteher. Nimmt man die demografischen Entwicklungen unter die Lupe, kann man leicht erkennen, dass nicht nur Europa, sondern auch China mit dem Problem der Überalterung konfrontiert ist. Jugendlichkeit/Alter als Kriterium zur Unterscheidung zwischen China und dem Westen hat demzufolge ebenfalls seine Gültigkeit verloren.

Was ist es also, was China und den Westen unterscheidet? Bei der Suche nach diesem Unterschied sollten wir uns nicht auf die materielle, institutionelle oder systemische Ebene beschränken. Denn diese Ebenen sind nur die Oberfläche, der Ausfluss oder die Derivate von etwas Tieferem und Substanziellerem. Unterschiede auf oberflächlichen Ebenen zu finden ist bequem, führt aber leicht zu einem oberflächlichen Urteil und zur Verkennung des Wesentlichen.

Worin liegt nun der wesentliche Unterschied zwischen China und dem Westen? Oskar Weggel unterscheidet hier zwischen asiatischem »Ganzheitlichkeitsdenken und -verhalten« und westlicher »Differenzierungs- und Aufspaltungstendenz«. Für ihn »[liefert] diese Ganzheitlichkeit [...] den Schlüssel für das Verständnis, wo sie aber verloren gegangen ist, die Erklärung für das Unbehagen und die Reizbarkeit vieler Asiaten in der modernen Welt«.[16]

Die Schwäche der Dichotomie »Ganzheitlichkeit/Differenzierung« besteht jedoch darin, dass sie wie die anderen Antithesen nicht die notwendige analytische Trennschärfe aufbringen kann, um den wesentlichen Unterschied im Denken und Verhalten zwischen Chinesen und Westlern herauszukristallisieren. In der Gegenwart stehen die Chinesen den Menschen im Westen ganz gewiss in nichts mehr nach, wenn es darum geht, die sozialen Verhältnisse überaus differenziert zu betrachten und zu gestalten. Tausende von neuen Gesetzen und Verordnungen, die in den letzten 15 Jahren zur Regulierung der Interessenkonflikte erlassen worden sind, beweisen, dass die Kategorie der »Ganzheitlichkeit« mit ihrem Kernelement »Harmoniebedürfnis« in der Praxis nicht mehr als eine konfuzianische Utopie darstellt. In Wirklichkeit ist die chinesische Gesellschaft schon längst ausdifferenziert und aufgespalten.

Dennoch liefert Weggels Dichotomie einen aufschlussreichen Ansatz zur Vertiefung. Sie deutet darauf hin, dass der eigentliche Unterschied zwischen China und dem Westen nur im ideellen Bereich zu suchen ist. Regierungen und Institutionen, aber auch Technologien und Produktionsverfahren kommen und gehen. Aber die ideellen Vorstellungen über das, was den Menschen ausmacht und in welchem Verhältnis er zur Gesellschaft und zum Staat stehen sollte, bleiben hartnäckig bestehen, wenn auch in veränderten Formen und mit neuen Bezeichnungen versehen.

Wenn es eine grundsätzliche Denkweise geben sollte, die die politischen Dynastien von Tausenden von Jahren überdauerte und sich zugleich kategorisch vom Denkmuster des Westens unterscheidet, dann handelt es sich um das Primat des Kollektivs. Im Gegensatz zum Primat des Individuums, das charakteristisch ist für das philosophische, herrschaftspolitische und gesellschaftliche Denken im Westen und seine entsprechenden Verhaltensmuster, stellt das Primat des Kollektivs den zumindest theoretischen Bezugspunkt aller politischen und gesellschaftlichen Bestrebungen in China dar.

Ob China und der Westen voneinander lernen können, hängt entscheidend davon ab, ob das chinesische Primat des Kollektivs und das westliche Primat des Individuums logisch, das heißt von ihrem inneren Zusammenhang her, miteinander harmonisierbar beziehungsweise gegeneinander ausbalancierbar sind. Immerhin handelt es sich bei diesen beiden Postulaten um die Grundprinzipien der Organisation von Individuum und Staat in ihrem Verhältnis zueinander.

Das Primat des Kollektivs betont eher die Pflichten der Menschen gegenüber der Familie, der Gesellschaft und dem Staat. Im Falle eines Konflikts zwischen Individualinteressen und Gruppeninteressen betrachtet es die kollektiv orientierte Gemeinschaft als Tugend, die eigenen Interessen zugunsten der des Kollektivs zurückzustellen. Zugleich ist es aus dieser Perspektive legitim, wenn der Staat ungewöhnliche Maßnahmen zur Einschränkung der bürgerlichen Freiheiten ergreift, um die Stabilität der Gesellschaft herbeizuführen und zu sichern.

Hingegen legt das Primat des Individuums größeren Wert auf das Recht des Individuums in Abgrenzung zu den Gruppen, in die es eingebettet ist, sei es eine Familie, eine Organisation, eine Gesellschaft oder ein Staat. Es wird postuliert, dass bestimmte Rechte und damit eine Reihe bürgerlicher Freiheiten unantastbar bleiben müssen. Demgemäß kann kein wie auch immer geartetes Kollektivinteresse staatliche Eingriffe in den Kernbereich individueller Freiheiten wie das Recht auf die Achtung des Lebens und das Recht auf die Achtung der Menschenwürde rechtfertigen.

Es ist schwierig, optimistisch zu sein, wenn es darum geht, diese zwei fundamental unterschiedlichen Staatsauffassungen miteinander in Einklang zu bringen. In der Tat sollten die Widerstandskräfte, die den unterschiedlichen, ja, eigentlich gegensätzlichen chinesischen und westlichen Sichtweisen auf das Verhältnis zwischen Individuum und Staat innewohnen, beim Versuch der Lösung durch gegenseitiges Lernen nicht unterschätzt werden. Denn das Primat des Individuums stellt gerade das infrage, was das Primat des Kollektivs hochhält, und umgekehrt. Eine Lösung dieses Gegensatzes würde sowohl von China als auch vom Westen ein substanzielles Umdenken verlangen, wenn man es mit dem gegenseitigen Lernen ernst nimmt.

Ist aber ein solches Umdenken möglich? Eine Analyse der chinesischen und westlichen Auffassungen von der Natur des Staatsverständnisses scheint nur eine negative Antwort zuzulassen. Das Primat des Kollektivs betrachtet nämlich das Verhältnis zwischen Individuum und Staat grundsätzlich als ein *harmonisches* Verhältnis. Nach dieser Vorstellung stehen das Individuum und der Staat sich nicht misstrauisch, sondern vertrauensvoll gegenüber. Mit anderen Worten: Staat und Staatsbürger sind nach dem Primat des Kollektivs eins, und das Schicksal des Individuums hängt stets von dem des Staates ab.

Gerade unter diesem Aspekt ist es kein Wunder, dass Chinesen inner- und außerhalb der Volksrepublik China sich auch persönlich angegriffen und gedemütigt fühlen, wenn die chinesische Regierung zum Ziel westlicher Menschenrechtskritik wird oder Kritik an der chinesischen Tibetpolitik erfährt. Wie Petra Kolonko beobachtet, wird »[d]iese Demütigung durch die Störungen und Proteste beim [Olympischen] Fackellauf [...] nicht als Kritik an der chinesischen Regierung verstanden, sondern als Angriff auf China als Ganzes«[17].

Hingegen geht das Primat des Individuums grundsätzlich von einem *spannungsvollen* Verhältnis zwischen Individuum und Staat aus. Es lehrt den Menschen, dem Staat misstrauisch gegenüberzustehen und ihm keine unbeschränkte Macht zu gewähren. Es wird ein konfliktreiches Verhältnis zwischen dem Individuum und dem Staat postuliert. Das Recht des Individuums auf politische Freiheiten zum Schutz gegen willkürliche und unbeschränkte Machtausübung durch den Staat gilt als heilig. Der Glaube, dass der Mensch sich nur sicher und glücklich fühlen kann, wenn er als freier Mensch behandelt wird, ist im Primat des Individuums tief verwurzelt. In diesem Sinne weist Giovanni Sartori darauf hin, dass der moderne Liberalismus »im Menschen *mehr* als den Bürger eines Staates [sieht]«. »Für uns«, so fügt Sartori hinzu, »läßt sich ein Mensch nicht auf sein Bürgersein reduzieren. Für uns ist ein Mensch nicht bloß Mitglied eines kollektiven plenum [sic!].«[18]

Im Grunde genommen handelt es sich bei der Antithese »Primat des Individuums«/»Primat des Kollektivs« um einen Paradigmenstreit darüber, was der Mensch ist und was er sein sollte. Mehr Menschenpflichten als Grundlage für eine stabile Staatsordnung oder mehr Menschenrechte als Grundlage für eine freie Gesellschaft, das ist die grundlegende Frage, die China und den Westen noch gewaltig trennt. Die zunehmende Menschenrechtskritik vonseiten des Westens an China und die energische Verteidigung »ihres« Systems durch die Chinesen zeigen, dass eine Harmonisierung beider Prinzipien noch in weiter Ferne liegt.

Anmerkungen

1 Poser, Hans: Leibnizens Novissima Sinica und das europäische Interesse an China, in: Li, Wenchao/Poser, Hans (Hrsg.): *Das Neueste über China. G. W. Leibnizens »Novissima Sinica« von 1697*, Franz Steiner Verlag: Stuttgart 2000, S. 11–28, S. 11.
2 Wendt, Alexander: *Social Theory of International Politics*, Cambridge University Press: Cambridge 1999, S. 335.
3 Ebd., S. 335.
4 Friemuth, a.a.O., S. 73.
5 Spionage: Bespitzeln made in China, in: FOCUS Magazin, Nr. 9 2013, online veröffentlicht am 25. Februar 2013.
6 Sartori, Giovanni: *Demokratie-Theorie*, Wissenschaftliche Buchgesellschaft: Darmstadt 1992, S. 96.
7 Chinabilder im 21. Jahrhundert: Außenpolitischer Kampf der Kulturen?, in: *ICC Portal*, unter http://interculturecapital.de/chinabilder-im-21-jahrhundert-ausenpolitischer-kampf-der-kulturen, zuletzt aufgerufen am 10.09.13.
8 Deutsche Presse-Agentur: Streit über China-Bild deutscher Medien, in: *evangelisch.de*, Bericht vom 15. Oktober 2009, unter http://www2.evangelisch.de/themen/medien/streit-ueber-china-bild-deutscher-medien, zuletzt aufgerufen am 10.09.13.
9 Ebd.
10 Rudolph, Jörg-M.: Eine harmonische Welt, in: *Frankfurter Allgemeine Zeitung*, 8. November 2011, Nr. 260, S. 9.
11 Pohl, Karl-Heinz: Im Blick auf das sinistre, böse China, Leserbrief in der *Frankfurter Allgemeinen Zeitung*, 14. November 2011, Nr. 265, S. 8.
12 Wandel deutscher Chinabilder: Annäherung oder Entfremdung?, in: *ICC Portal*, unter http://interculturecapital.de/wandel-deutscher-chinabilder-annaherung-oder-entfremdung-13, zuletzt aufgerufen am 10.09.13.
13 Vgl. hierzu: Wendt, Alexander: Constructing International Politics, in: *International Security*, 20 (1) 1995, S. 71–81, S. 73. Bei den deutschen Zitaten handelt es sich um eigene Übersetzungen des Verfassers.
14 Aristoteles: *Politeia*, VII. Buch. Hier zitiert nach Friemuth, a.a.O., S. 131.

15 Weggel, a.a.O., S. 37 ff.
16 Weggel spricht im Blick auf die Asiaten ausführlich von einer »so selbstverständliche[n] Ganzheitlichkeit, wie sie sich sowohl im Denken als auch im Einzelverhalten und im Gesellschaftsaufbau ausdrückt«. Weggel, a.a.O., S. 38.
17 Kolonko, Petra: Kämpft für die Abspaltung Korsikas!, in: *Frankfurter Allgemeine Zeitung*, 16. April 2008, S. 3.
18 Sartori, a.a.O., S. 284.

KAPITEL 4

Warum wir voneinander lernen müssen

Theoretisch ist man in der Regel nur dann bereit, von anderen zu lernen, wenn man sich entweder in einer Position der Schwäche sieht oder zu der Einsicht gelangt, dass die anderen über Fähigkeiten verfügen, die man selbst nicht beherrscht, aber doch benötigt, um die eigenen Ziele zu erreichen.

Warum sollten China und der Westen sich also im 21. Jahrhundert veranlasst fühlen, voneinander zu lernen, wo doch auf beiden Seiten ein starkes Selbstbewusstsein zu beobachten ist?

Es gibt keine ausreichenden Anzeichen dafür, dass China und der Westen sich jetzt, zu Beginn des 21. Jahrhunderts, schwach und daher lernbedürftig fühlen. Im Gegenteil: Die Chinesen glauben, das 21. Jahrhundert werde endlich »das Chinesische« sein, und der Westen scheint nach wie vor fest davon überzeugt zu sein, der westliche Weg zur Modernisierung und Entfaltung der

Menschheit sei der beste und nun komme es lediglich darauf an, die weltweite Verbreitung des westlichen Erfolgsmodells zu beschleunigen. Dass die Länder des Westens von Nordamerika bis Europa seit 2008 in eine doppelte Wirtschafts- und Finanzkrise geraten sind, wird überwiegend nur als »vorübergehendes Phänomen« betrachtet. Das zivilisatorische und politische Selbstbewusstsein des Westens bleibt intakt.

In der Tat hat die Wirtschafts- und Finanzkrise, die inzwischen fast alle westlichen Länder mehr oder weniger erfasst hat, ihren Glauben an die systemische und institutionelle Überlegenheit des Westens gegenüber China nicht wirklich erschüttert. Im Gegenteil: Die Qualität des gegenwärtigen Verhältnisses zwischen dem Westen und dem Reich der Mitte wird mit beeindruckender Gelassenheit wahrgenommen, wie ein Zeitungsartikel verrät: Ein »›tugendhafteres‹ Europa [treffe] auf ein ›dekadenteres‹ China, dessen korrupte Eliten anfangen, sich gegeneinander zu wenden«[1].

Die Bewunderung für Chinas dauerhaften Wirtschaftsboom hat den grundsätzlichen Zweifel des westlichen Mainstreamdenkens an der Qualität des politischen Systems der Volksrepublik China nicht überwinden können. »Vielleicht«, so Dominique Moïsi in der Tageszeitung Die Welt, »erleben wir derzeit die Festigung einer wirklich multipolaren Welt, die der Westen nicht mehr dominiert, in der er aber auch nicht so bald von Asien oder den Schwellenländern im Allgemeinen abgelöst wird. Es ist nicht so, dass der Westen ›zurückschlägt‹. Doch könnte ein bescheidenerer Westen seine

Position im Hinblick auf China stabilisieren, vor allem in einer Zeit, in der China sowohl arroganter geworden ist als auch weniger selbstsicher, was sein eigenes politisches und soziales System angeht.«[2]

Die Vision einer Zukunft, in der sich der Westen möglicherweise gegenüber dem autoritären China ergeben und sogar von ihm lernen könnte, ist aus Sicht vieler weit entfernt, wenn gar unmöglich. Viele glauben, der »Chinaschock« sei vorbei und der Westen erhole sich langsam von den Verwirrungen und der Unsicherheit. Dafür gibt es aus der Sicht Dominique Moïsis mehrere Gründe:

> »Erstens gelingt es dem Westen, insbesondere Europa, langsam, die asiatische Herausforderung einzuschätzen. Zweitens geschieht dies genau in dem Moment, in dem die Schwellenländer die Folgen einer Weltwirtschaftskrise zu spüren bekommen, deren Epizentrum in Europa liegt.«[3]

Dabei wird sogar der Eurokrise dialektisch eine positive Wirkung zugesprochen. Diese Krise mache »Europa nun genau in dem Moment auf die asiatische Herausforderung aufmerksam, in dem seine eigene Krise die wirtschaftlichen, politischen und sozialen Schwächen der Schwellenländer offenlegt und verschärft«.[4]

Die im Westen bei »einigen wenigen« verbreitete Bewunderung für China, dort »gehe doch alles so schnell und irgendwie unbürokratisch«, hier könne der Investor große Hebel umlegen, bezeichnete Udo Di Fabio, Professor für Öffentliches Recht an der Universität Bonn und von 1999 bis 2011 Bundesverfassungsrichter in Karlsruhe, als »Blütenträume«. »Ohne Rechtssicherheit, ohne Demokratie, soziale Sicherung und Achtung der Menschenrechte«, ist Di Fabio überzeugt, »gibt es auf Dauer kein verlässliches Investment, kein nachhaltiges Wachstum, keine kalkulierbaren Geschäfte.«[5]

Mit dieser Einschätzung ist die Überzeugung verbunden, dass »gar kein neues aussichtsreiches Gesellschaftsmodell jenseits des westlichen besteht«[6]. Mit anderen Worten: Das westliche Modell wird nach wie vor als das beste betrachtet, und das chinesische gilt als ein Modell, welches dem Westen nichts zu bieten hat. Die Deutsche Gesellschaft für Auswärtige Politik (DGAP) spricht sogar vom »Auslaufmodell China«, wie sie das September/Oktober-Heft 2012 ihres Organs Internationale Politik betitelte. Es wäre daher inkonsistent, würde man nun tatsächlich versuchen, aus dieser Stimmung Einsichten bezüglich der Notwendigkeit des Lernens von China abzuleiten.

Die gleiche Unlust auf gegenseitiges Lernen lässt sich auch bei den Chinesen zunehmend beobachten. Weit leidenschaftlicher sprechen sie vom »Chinesischen Moment der Weltgeschichte« als über das Lernen. Yao Zhongqiu, ein renommierter chinesischer Philosoph und Publizist der Gegenwart, propagiert seit 2012 die Theorie, die Dominanz der westlichen Zivilisation sei spätestens mit dem Aufstieg Chinas im 21. Jahrhundert vorbei. Für China sei das »welthistorische Moment« eingetreten, die zivilisatorische Führungsrolle in der Welt zu übernehmen. Nach seiner Überzeugung wird China die Welt »grundlegend« verändern und dabei auch selber einen tief greifenden Wandel erleben. Dass die chinesische Zivilisation dafür reif sei, daran hat der eigentlich dem liberalen Lager der chinesischen Intellektuellen zuzuordnende Forschungsdirektor eines Privatforschungsinstituts keinen Zweifel. Notwendig sei lediglich eine aufrichtige und radikale Erneuerung der »politischen Lehre des Konfuzius«, deren historische Errungenschaften für China und für die ganze Welt geltend gemacht werden sollen. Yao nennt diese Erneuerung eine »chinesische Renaissance« im Sinne einer Rückkehr zu den Wurzeln der chinesischen Zivilisation. Eine »Entsinisierung« *(quzhongguohua)* im Sinne einer hundertprozentigen Hinwendung zum Westen lehnt er kategorisch ab.[7]

Deutsche, die in jüngster Zeit Gelegenheit hatten, chinesischen Führungseliten zu begegnen, spüren eine zunehmende Arroganz gegenüber dem Westen und eine herablassende Haltung Europa gegenüber – ein Phänomen, das erst seit wenigen Jahren zu beobachten ist. Matthias Naß, Asienreporter bei der ZEIT, sieht den Ursprung für diese Veränderung im Reichtum und im Erfolg, denn beides habe die Chinesen »selbstsicher« gemacht. Seine Begegnung mit Fu Ying, Spitzendiplomatin Chinas und eine der wenigen Beamtinnen mit mongolischer Abstammung, die in der chinesischen Hierarchie eine hochrangige Position besitzen (seit März 2013 fungiert sie als Vizepräsidentin des Nationalen Volkskongresses), bestätigte exemplarisch, wie gering derzeit die chinesische Bereitschaft ist, vom Westen zu lernen:

»*Auftritt Fu Ying. Die stellvertretende Außenministerin, zuvor Botschafterin in London, will diskutieren, streiten. In akzentfreiem Englisch kommt sie, kaum hat man Platz genommen, sofort zur Sache. Was denn mit den Europäern los sei? ›Sie müssen aufwachen!‹ Die Geschäftsgrundlage habe sich geändert. In der Vergangenheit sei jede beliebige Investition willkommen gewesen; heute seien nur noch ›smarte‹ Investitionen erwünscht. Mit den Europäern oder ohne sie: ›China bewegt sich auch so voran‹ – aber, bitte, gern auch ›mit Ihrer Hilfe.‹*«[8]

Die Erklärung für dieses zunehmende Selbstbewusstsein der Chinesen, die Jörg Wuttke, ein in China arbeitender Topmanager aus Deutschland, liefert, trifft es auf den Punkt. »China wächst Jahr für Jahr um zehn Prozent – und rechts und links bricht die Welt zusammen.« Durch diese Entwicklung sieht Wuttke China »in eine führende Rolle hineingedrängt, die es selbst nicht sucht«[9]. Aber die Konsequenzen des chinesischen Verhaltens gegenüber dem Westen seien revolutionär. Der von Naß interviewte Rolf D. Cremer, der bis 2013 die »China Europe International Business School Shanghai«, eine von der EU gegründete Kaderschmiede für Manager, leitete, beklagt sich, »[a]usländische Professoren hätten es heute schwer, von den Studenten anerkannt zu werden. [...] [D]iese glaubten, chinesische Hochschullehrer könnten ihnen eher etwas Neues beibringen. Früher sei es genau umgekehrt gewesen, da seien die Studenten zu den ausländischen Professoren gestrebt.«[10]

Gibt es wirklich nichts mehr, was die Chinesen vom Westen lernen können? Ist es tatsächlich so, dass der Westen intellektuell gar nichts aus den chinesischen Erfahrungen des wirtschaftlichen Booms und des effektiven Managements wirtschaftlicher Krisen mitnehmen kann? Die Arroganz dieser Zeit lässt diese Frage naiv erscheinen, und die Zeit der Arroganz scheint längst nicht vorbei, zumal Themen wie »Wie der Westen sich gegen China behaupten kann« oder »Wie China am schnellsten den Westen überholen kann« die öffentlichen Diskurse auf beiden Seiten dominieren. Gefragt sind nun die besten Argumente, um den selbstbewusster gewordenen Chinesen und den nach wie vor selbstsicheren Westlern den Blick auf die Notwendigkeit eines gegenseitigen Lernens zu eröffnen.

In der Tat lässt sich ein starkes Motiv für ein gegenseitiges Lernen zwischen China und dem Westen nur schwer ausmachen. Ein möglicher Faktor, der die beiden Seiten zum gegenseitigen Lernen veranlassen könnte, liegt in der Globalisierung. Denn beide Seiten sind sowohl »Täter« als auch »Opfer« im Kontext der Globalisierung, im Sinne eines Prozesses der »Entnationalisierung« des politischen, wirtschaftlichen, gesellschaftlichen und technischen Geschehens. Durch die aktive Beteiligung an der Globalisierung sind auf staatlichen wie auch auf gesellschaftlichen Ebenen nie da gewesene Verflechtungen zwischen China und dem Westen entstanden. Diese könnten bewirken, dass sich beide Seiten dem Druck, voneinander zu lernen, nicht entziehen können, wollen sie nicht bald als Verlierer der Globalisierung dastehen.

Die aktuellen Verflechtungen umfassen heute im Grunde genommen zwei Stufen der wechselseitigen Abhängigkeit mit kostspieligen Auswirkungen auf die politischen Präferenzen beider Seiten. Zum einen handelt es sich um eine Verflechtung im Sinne gegenseitiger *sensitivity* und zum anderen um *vulnerability*. Bei *sensitivity* handelt es sich in der Regel um Belastungen eines Staates, die durch plötzliche und unerwartete Veränderungen in der internationalen Politik oder in anderen Staaten entstehen, bevor er Maßnahmen ergreifen kann, um die Situation zu verändern oder den Schaden zu begrenzen. Mit anderen Worten bringt *sensitivity* ein Niveau von Interdependenz zum Ausdruck, bei dem ein Staat zwar empfindlich für politische Entscheidungen anderer Akteure oder Veränderungen auf der internationalen Ebene ist, aber kostspielige Nachteile abwehren kann, wenn er schnell und effektiv reagiert. *sensitivity* impliziert also ein relativ schwaches Niveau der Interdependenz und damit die bestehende Möglichkeit, politisch gegenzusteuern.[11] Voraussetzung hierfür ist die Fähigkeit, über die eigene Schwäche und die Stärke der anderen ständig im Bilde zu sein. Dass man sich diese Fähigkeit ohne die Bereitschaft zu gegenseitigem Lernen aneignen kann, schließt sich sowohl theoretisch als auch empirisch aus.

Gegenwärtig sind die *sensitivity*-Erscheinungen in den Beziehungen zwischen China und dem Westen überall beobachtbar. Wenn China zum Beispiel die Produktion von Seltenen Erden einschränkt, leiden darunter sämtliche Unternehmen im Westen, die IT-Ausrüstungen produzieren, da der Markt von Seltenen Erden zu mehr als 90 Prozent von Ausfuhren aus China abhängig ist. Kein Unternehmen, das in Finnland oder in den Vereinigten Staaten Computer, Mobiltelefone, Batterien, Raketen oder Flachbildschirme herstellt oder in Deutschland oder in Österreich Windanlagen oder Elektroautos baut, kann auf diese Seltenen Erden verzichten. Umgekehrt ist Chinas Solarindustrie vom europäischen Markt so abhängig, dass der Solarstreit mit der Europäischen Union seit 2012 bereits schätzungsweise mehr als 400 chinesische Unternehmen die Existenz gekostet hat. Die Insolvenz des chinesischen Vorzeigeunternehmens »Suntech Power«, des einst weltweit größten Herstellers von Solaranlagen, im Frühjahr 2013 ist nur ein Beispiel für diese gegenseitige *sensitivity*.

Durch die Globalisierung sind China und der Westen schon längst gegenseitig verletzbar geworden. Die Interdependenz im Sinne der sogenannten *vulnerability* prägt das Verhältnis zwischen den beiden Seiten mit einer nie da gewesenen Intensität und Gefährlichkeit, die ohne gegenseitige Koordinierung und Rücksichtnahme nicht zu kontrollieren wäre. *vulnerability* drückt aus, dass die Kosteneffekte der zwischenstaatlichen oder transnationalen Transaktionen so stark sind, dass im Falle einer Entgleisung Schäden entstehen können, die auch durch politisches Gegensteuern nicht mehr zu verhindern sind. Mit anderen Worten bringt *vulnerability* ein Niveau der Interdependenz zum Ausdruck, bei dem die Staaten strukturell stark verwundbar sind, unabhängig davon, ob sie politisch schnell auf unerwartete äußere Veränderungen reagieren können beziehungsweise wollen oder nicht. In diesem Fall handelt es sich um Transaktionsbelastungen, unter denen die Staaten zu leiden haben, selbst wenn sie die Veränderungen bereits früh erkannt und *einseitig* entsprechende Gegenmaßnahmen getroffen haben.

Der Begriff *vulnerability* besagt also, dass Staaten in der Zeit der Globalisierung zunehmend Veränderungen ausgesetzt sind, die sie allein nicht kontrollieren können, und somit immer empfindlicher und verwundbarer werden.[12] In ebenjener Situation der strukturellen Verflechtung befinden sich nun auch China und der Westen. Herausforderungen wie die Kontrolle des globalen Klimawandels, des globalen Kapitalflusses oder der globalen Proliferation von Massenvernichtungswaffen zeigen, dass China und der Westen gleichzeitig, wenn auch nicht mit gleicher Intensität, verletzbar geworden sind. Keiner von ihnen wäre in der Lage, seine Verletzbarkeit aus eigener Kraft zu reduzieren. Nur ein gemeinsames Vorgehen könnte den Menschen in China und im Westen das Leben erleichtern. Dieses Ziel können sie aber nur erreichen, wenn sie wiederum beide bereit sind, voneinander zu lernen.

Der Zusammenhang zwischen Globalisierung und Lernnotwendigkeit besteht also vor allem darin, dass kein Nationalstaat, stark oder schwach, groß oder klein, allein in der Lage ist, die gigantischen Herausforderungen der Globalisierung zu meistern. Wenn es zutrifft, dass das 20. Jahrhundert das Jahrhundert der Globalisierung war, dann sollte das 21. Jahrhundert das ihrer politischen

Zähmung sein. Beide Seiten stehen vor der Herausforderung, die ökonomischen und gesellschaftlichen Vorteile der Globalisierung optimal zu nutzen und die sozialen und ökologischen Nachteile zu minimieren.

Gerade vor diesem Hintergrund lässt sich eine latente Notwendigkeit des gegenseitigen Lernens erkennen. Zugleich Täter und Opfer der Globalisierung, sitzen China und der Westen schon längst im selben Boot. Da die Globalisierung zumindest von ihrem Ausmaß und ihrer Geschwindigkeit her ein historisch neues Phänomen darstellt, können weder China noch der Westen überzeugend für sich in Anspruch nehmen, der bessere oder effektivere Manager der Globalisierung zu sein.

Vielmehr leiden sowohl China als auch der Westen trotz der überwiegenden Vorteile für beide Seiten unter den unerwünschten negativen Folgen des sozial blinden und ökologisch gleichgültigen Flusses globaler Kapitalströme. In einer solchen globalisierten Welt ist man praktisch nicht nur auf Kooperation, sondern auch auf Austausch von Erfahrungen und Know-how mit anderen *stakeholders* angewiesen. Beim Management der nationalen Folgewirkungen der Globalisierung ist das internationale Lernen längst keine Frage des Wollens mehr, sondern unabdingbar geworden. Dies gilt gleichermaßen für die aufstrebende Großmacht im Osten wie für die etablierten Großmächte im Westen.

Dabei dürften die Chinesen feststellen, dass sie mehr von den Westlern zu lernen haben als die Westler von ihnen. Warum? Es geht um die Hebelkraft zur Bestimmung von Strukturen, die wiederum die Handlungsfähigkeit und Bewegungsspielräume der Staaten bei der Durchsetzung ihrer politischen Zielsetzungen beziehungsweise Präferenzen einschränken. Bei der Herstellung und Beherrschung solcher unsichtbaren Strukturhebel hat der Westen sich bislang als Meister und China nur als Lehrling erwiesen.

Viele Chinesen scheinen noch nicht ganz begriffen zu haben, dass Globalität im Grunde das Ergebnis globaler Durchsetzung einer ursprünglich lokalen Einheit darstellt. Diese lokale Einheit kann ein Produkt, eine Idee, eine Institution oder Organisation sein. Nur äußerst selten dehnen sich Dinge selbstläufig oder automatisch global aus. Im Gegenteil: Es kommt immer wieder vor, dass eine Idee, ein Produkt oder eine Institution sich räumlich nur auszudehnen beziehungsweise durchzusetzen vermag, wenn sie von einer Kraft vorangetrieben wird, sei es von *hard power*, *soft power* oder von »struktureller Macht«.[13]

Die heutzutage hohe Globalität der englischen Sprache wäre beispielsweise ohne die frühere Eroberungsmacht des britischen Imperiums nicht vorstellbar. Das iPhone gelangte zur Globalität dank einer Reihe von patentierten Schlüsseltechnologien der Firma Apple, die seine Marktposition monopolisieren; die Globalität des US-Dollar als dominierende Leitwährung der Welt wäre politisch wie ökonomisch nicht zu erklären, wenn nicht die weltpolitischen und weltwirtschaftlichen Strukturen herrschten, die nach dem Zweiten Weltkrieg unter der Führung der USA eingerichtet wurden.

Dennoch mehren sich die Zeichen dafür, dass Globalität auch entstehen kann, wenn Machtakteure nicht deutlich identifizierbar sind. Der Grund hierfür liegt augenscheinlich in den *hard power* und *soft power* relativierenden Wirkungen der Globalisierung. In einem transnationalisierten und interdependenten Staatensystem scheint selbst für den Bereich der Sicherheit der konfrontative Einsatz militärischer Mittel immer weniger geeignet zu sein, um die eigene Sicherheit zu gewährleisten und eigene ideelle, materielle und institutionelle Präferenzen durchzusetzen.[14] Ebenso wenig können zivilisatorische beziehungsweise systemische Attraktion und Anziehungskraft im Sinne von *soft power* ohne Weiteres und automatisch in räumliche Ausdehnung umgewandelt werden, wenn das wirtschaftliche Überleben und die politische Absicherung des Wohlstandes der eigenen Bevölkerung auf dem Spiel stehen. Just in diesem Sinne spricht Joseph Nye von »less fungible power«.[15] Staaten und Akteure sind daher bei der Durchsetzung ihrer Präferenzen immer stärker auf eine Art Hebelkraft angewiesen, die ihnen durch die Strukturen verliehen wird, in die sie eingebettet sind. Diese Hebelkraft kann als strukturelle Macht bezeichnet werden, die sich in erster Linie nicht auf die absoluten Gewichte der Akteure, sondern auf die Beschaffenheit ihrer Wechselspiele und Interaktionen bezieht. In diesem Bereich haben die Chinesen, offen gesagt, noch viel vom Westen zu lernen: von der Fähigkeit, sich durch Umwandlung der eigenen Nationalwährung in eine Weltleitwährung lautlos, aber effektiv, zu entschulden, bis hin zum Vermögen, durch gentechnisch veränderte Produkte den größten Anteil der globalen Getreidemärkte für sich zu gewinnen.

Die Notwendigkeit, voneinander zu lernen, sollte nicht nur China, sondern auch der Westen anerkennen. Es ist jedoch erstaunlich, wie fatalistisch viele Westler noch in Zeiten der Globalisierung denken. Die Zusammenhänge zwischen der Globalisierung und der Notwendigkeit des Lernens von Rivalen haben sie nicht wirklich begriffen. Deutlichen Ausdruck findet dieser Fatalismus beispielsweise in der Hoffnung auf ein »selbsttätiges Ende« des chinesischen Booms. Hierfür soll stellvertretend ein Auszug aus einem Leserbrief an ZEIT-ONLINE wörtlich zitiert werden:

> »Mir ist bisher kein Bereich bekannt, wo es stetig bergauf ging. Jede Party ist irgendwann vorbei. Auch in China. Wann, weiß keiner, aber ich bin mir sicher, das geht schneller, als so mancher glauben mag. […] Der Tag wird kommen, wo auch China auf den Boden der Tatsachen geholt wird und dann schauen wir mal, wie schnell auch sie sich anpassen werden, weil sie merken, ohne die anderen geht es doch nicht. Irgendeiner muss deren Waren ja abnehmen, gell? China hat ja heute schon das Problem, nicht genügend Käufer im eigenen Land zu haben. Woher soll es also kommen?«[16]

Mag sein, dass Chinas Wachstum eines Tages tatsächlich stagnieren wird. Aber die Frage ist: Kann es sich der Westen leisten, so lange zu warten, bis dies automatisch geschieht? Was passiert, wenn es die Chinesen doch schaffen, einen neuen Weg zu finden, ihren Boom nochmals für 30 Jahre zu verlängern, was von vielen Instituten, einschließlich der Weltbank, nicht ausgeschlossen wird? Was würde es für den Westen bedeuten, wenn China seine bislang empirisch beobachtbare permanente Selbsterneuerungsfähigkeit weiterentwickelt?

Im Sinne der Systemtheorie des deutschen Soziologen Niklas Luhmann ist Chinas gegenwärtiges System durchaus vergleichbar mit einer *autopoiesis*, griechisch für »Selbsterneuerung«.[17] Luhmanns autopoietische Systeme sind hoch komplexe und autonome Systeme, die durch ihre permanente Fähigkeit, sich zur Bewältigung neuer politischer, gesellschaftlicher und wirtschaftlicher Herausforderungen funktional auszudifferenzieren, beste Voraussetzungen zur Selbsterhaltung aufweisen.

Genau diese systemische Fähigkeit scheint das chinesische System der Gegenwart zu besitzen. Durch die teils freiwilligen und teils erzwungenen Reformen befinden sich die chinesische Gesellschaft und ihr politisches System permanent in einem Prozess der »funktionalen Ausdifferenzierungen«. Dies versetzt das System in die Lage, Systemelemente ständig zu reproduzieren beziehungsweise sich selbst zu erneuern, um die zunehmende Komplexität der Gesellschaft zu bewältigen. Deutlich wird dies beispielsweise, wenn man bedenkt, dass es vor 30 Jahren keinen einzigen Rechtsanwalt im Land gab und heute mehr als 200 000 Rechtsanwälte im kommunistischen China zugelassen sind, um den Herausforderungen der zunehmenden Verrechtlichung der gesellschaftlichen Verhältnisse zu begegnen. Das System scheint in der Lage zu sein, wie Luhmann theoretisiert, *autopoietisch* zu funktionieren und sich ständig selbst zu erneuern, ohne einen Trend zu einem möglichen »selbsttätigen Stopp« des Booms erkennen zu lassen.

Nur wenn man Luhmanns Postulat der *autopoiesis* versteht, kann man nüchtern zur Kenntnis nehmen, dass das chinesische System sich schon längst von einer totalitären zu einer autoritären Herrschaft ausdifferenziert hat. Es war diese *autopoietische* Fähigkeit, die China vor einem Zusammenbruch sowjetischen Stils bewahrt hat. Wir wissen, dass Totalitarismus und Autoritarismus sich gewaltig voneinander unterscheiden, wenn es um die Breite und Tiefe der politischen Beherrschung geht. Die totalitäre Herrschaft stützt sich auf eine umfassende und tief greifende politische Durchdringung und Beherrschung der Gesellschaft und des menschlichen Lebens. Es gibt keinen Teilbereich der Gesellschaft, der nicht politisch beherrscht wird. Eine totalitäre Herrschaft kontrolliert also nicht nur das äußere Verhalten, sondern dringt zugleich tief in das Bewusstsein der Menschen ein.

Demgegenüber beschränkt sich die politische Beherrschung in einer autoritären Herrschaft auf das politische Geschehen und auf bestimmte Teilbereiche der Gesellschaft. Eine begrenzte Autonomie von Teilsystemen und die Unabhängigkeit von Teilgruppen auf nicht politischen Gebieten werden gewährt oder geduldet. Die Kraft des autoritären Systems reicht nur aus, um das (äußere) Verhalten des Menschen zu kontrollieren. Das (innere) Denken der Menschen entzieht sich also seiner

Kontrolle. Eine wirkliche ideologische Gleichschaltung von Herrschenden und Beherrschten – im Sinne der totalen Unterwerfung Letzterer – gibt es in einem autoritär organisierten politischen System nicht.

Wie viele Westler wissen, dass sich das kommunistische China vom Totalitarismus zum Autoritarismus gewandelt hat? All jene, die die *autopoietische* Logik dieses Wandels nicht zur Kenntnis genommen haben, werden verständlicherweise immer auf ein »automatisches Ende« des chinesischen Wachstums warten. Sicherlich ist die Volksrepublik China nach wie vor ein von der Kommunistischen Partei regiertes Land. Aber die Partei legitimiert ihre Herrschaft schon längst nicht mehr durch die kommunistische Ideologie. Spätestens seit 1992, nachdem der »Generalarchitekt der chinesischen Reform und Öffnung«, Deng Xiaoping, im Rahmen seiner inzwischen als legendär geltenden Inspektionsreise nach Südchina die Parteigenossen aufgefordert hatte, die parteiinterne ideologische Kontroverse zu beenden und sich auf die Modernisierung des Landes zu konzentrieren, hat die Partei die ideologische Durchdringung der Menschen als Instrument der Herrschaftsausübung aufgegeben.

Mit der Durchsetzung des Pragmatismus von Deng Xiaoping ging eine spürbare Emanzipation des Denkens der Menschen in China einher. Da die Partei selber die »Praxis als einzigen Maßstab der Wahrheit« anerkannt hat, verzichtete sie praktisch auf ihren Anspruch auf das Wahrheitsmonopol. Infolge dieser ideologischen Befreiung identifizieren sich die Menschen immer weniger mit der Partei. Auch wenn die Mehrheit der Chinesen die

Reformpolitik der Partei unterstützt, scheint sie nicht mehr bereit zu sein, sich ihr ideologisch zu unterwerfen. Die Zeit der totalen ideologischen Gleichschaltung von Herrschenden und Beherrschten ist in China vorbei und die Gesellschaft wird – funktionalistisch betrachtet – immer pluralistischer und eigenständiger.

Selbst wenn Chinas Entwicklung sich eines Tages »normalisiert«, was durchaus möglich ist, spielt der Zeitfaktor auch eine Rolle. Was, wenn diese »Normalisierung« der chinesischen Entwicklung erst einsetzt, nachdem es den Westen wirtschaftlich und wissenschaftlich bereits überholt hat? Wir dürfen nicht vergessen, dass der Vorsprung des Westens gegenüber China nicht mehr groß ist und die Probleme, mit denen der Westen im 21. Jahrhundert konfrontiert ist, gewaltige Strukturprobleme sind, die ohne ein Umdenken einschließlich des Lernens von nicht westlichen Staaten nicht leicht zu bewältigen sein dürften.

Auf einige dieser Probleme hat der französische Politikwissenschaftler Dominique Moïsi bereits hingewiesen. Anregend ist dabei seine Beobachtung eines »fragmentierten Westens«. Ihm zufolge entfernt sich der amerikanische Westen immer weiter vom europäischen Westen. »Es geht nicht mehr um die Frage gemeinsamer Interessen oder Sicherheitsziele«, so Moïsi, »sondern um die Kultur, da sich insbesondere die Vereinigten Staaten immer mehr nach Asien und Lateinamerika ausrichten und Einwanderer aus diesen Regionen anziehen. Was den asiatischen Westen angeht, so wird Japan weiterhin allein und einzigartig bleiben.«[18]

In der Tat hat es den Anschein, dass der Enthüllungsfall Snowden diese westliche »Fragmentierung« beschleunigt hat. Die Frage, wie streng das Recht der Staatsbürgerinnen und Staatsbürger auf den Schutz der eigenen Daten und der persönlichen Bewegungsfreiheit gelten sollte, spaltet Amerikaner und Europäer zunehmend. Es ist ein offenes Geheimnis, dass Datenschutz in der Bundesrepublik und in der Europäischen Union einen höheren Wert besitzt als in den Vereinigten Staaten, die nach 9/11 dazu übergegangen sind, diesen der Sicherheit unterzuordnen. Immer mehr Menschen auf dem europäischen Kontinent beschleicht das Gefühl, dass es längst nicht mehr sicher ist, E-Mails über den Atlantik zu schicken. Selbst der ehemalige Vorstandschef der Deutschen Telekom, René Obermann, räumte ein, es sei unverständlich, warum europäische Daten auch dann oft über die USA geleitet werden, wenn sich sowohl der Sender als auch der Empfänger in Deutschland aufhalten. Seit bekannt geworden ist, dass das Handy der Bundeskanzlerin Angela Merkel von der NSA ausspioniert wurde, hat das offene Misstrauen gegenüber den Vereinigten Staaten auch die politische Klasse erreicht. Es ist nicht auszuschließen, dass die Fragmentierung der transatlantischen Gemeinschaft mit einer Fragmentierung der transatlantischen Kommunikationsnetzwerke einsetzen könnte. Die gemeinsame Initiative von Bundeskanzlerin Merkel und dem französischen Staatspräsidenten Hollande, das »europäische Routing« auszubauen, deutet auf diese Möglichkeit hin. Immerhin stellt sie eine erste entschlossene Reaktion der Europäer auf die kategorische Ablehnung eines »No-Spy-Abkommens« durch die Vereinigten Staaten dar. Nach dem Willen der deutschen und französischen Regierungen sollten die europäischen Kommunikationsnetzwerke so ausgebaut werden, dass sie in der Lage sind, die Spionage und Überwachung der US-Geheimdienste zu umgehen.[19] Die weltpolitischen Konsequenzen dieser »Fragmentierung« der westlichen »Wertegemeinschaft« liegen in der möglichen Schwächung des politischen Vertrauens zwischen den verschiedenen Parteien innerhalb des Westens. Ein geschwächtes Vertrauen aber führt bei der politischen Führung einer einzelnen Gesellschaft in der Regel zu Vorsicht und zu Vorbehalten, sollte einer der »Anderen« Unterstützung verlangen. Die Analyse dieser Entwicklung und der Hinweis auf ihre mögliche Auswirkung auf den zukünftigen Zusammenhalt innerhalb des Westens beinhalten zwar keine direkte Aussage über die Notwendigkeit des gegenseitigen Lernens. Aber die entscheidende Botschaft an den Westen dürfte sein, das eigene Schicksal im Ringen mit China um die Gestaltung des 21. Jahrhunderts nicht dem Zufall zu überlassen. Vielmehr empfiehlt es sich, aktiv zu handeln, bevor es zu spät ist. Abgesehen vom Schaden, den ein Stillstand des chinesischen Wachstums auch für den Westen bedeuten könnte, wäre es feige und vor allem gefährlich, nicht zu kämpfen, sondern lediglich auf Fehler des Gegenspielers zu setzen.

Noch ein weiterer Faktor erlaubt es dem Westen nicht einfach, fatalistisch auf einen »automatischen Stillstand« des chinesischen Wachstums zu warten: der sich immer weiter verkleinernde Anteil des Westens an der Weltbevölkerung. Moïsi spricht von einer »reduzierten Einheit« des Westens. Der heutige Westen unterscheide sich wesentlich vom historischen. Nach Moïsis Recherche 2010 lebten zu Beginn des 18. Jahrhunderts in Europa 20 Prozent der Weltbevölkerung; im Jahr 2050 werde die Bevölkerung des Westens insgesamt nur etwas über 10 Prozent ausmachen.[20] Die jüngste Uno-Prognose über die Weltbevölkerung, veröffentlicht im Juni 2013, stellt dem Westen eine noch düstere demografische Zukunft in Aussicht. Demzufolge »[werden] im Jahr 2100 voraussichtlich 10,9 Milliarden Menschen auf unserem Planeten leben«. Allerdings werde das Wachstum fast ausschließlich in Entwicklungsländern stattfinden. »In Europa leben heute noch 742 Millionen Menschen. Ende des Jahrhunderts könnten es voraussichtlich nur noch 639 Millionen sein. Das entspricht einem Rückgang um 14 Prozent.«[21]

Es ist zu Beginn des zweiten Jahrzehnts des 21. Jahrhunderts noch nicht ganz klar, wie Europa mit seinem dramatisch schrumpfenden Anteil an der Weltbevölkerung zurechtkommen wird. In jedem Fall wird es für die Europäer immer schwieriger, sich geopolitisch und weltanschaulich gegenüber dem Rest der Welt zu behaupten und den europäischen Kontinent als wohlhabendes Paradies erfolgreich zu verteidigen. Denn es dürfte für Europa eine erhebliche geistige und machtpolitische Herausforderung werden, als absolute demografische Minderheit mit etwa sieben Prozent der Weltbevölkerung im Jahr 2100 den Anspruch auf die Anerkennung seiner Vorstellungen und Entwicklungsmodelle als Weltmaßstab aufrechtzuerhalten, wenn die qualifizierten Mehrheiten der Weltbevölkerung anderer Auffassung sind. Einfach abzuwarten wäre die schlechteste Lösung.

Sich zu öffnen und die wirtschaftliche Integration Europas mit einer weltanschaulichen und kulturellen Integration zu flankieren wäre eine Möglichkeit, den vorhersehbaren Herausforderungen effektiver zu begegnen. Dies setzt aber die Bereitschaft voraus, von anderen zu lernen. Es geht nicht darum, von anderen zu lernen, um die demografische Schieflage zu verhindern. Dafür ist es für Europa bereits zu spät. Vielmehr geht es darum, die Einsicht zu entwickeln, dass eine »Politik der Belehrung, der Besserwisserei und Vorschriften« – um mit Eberhard Sandschneider zu sprechen – wahrscheinlich in Zukunft nur bedingt funktionieren kann. Die Mentalität der »automatisierten Abwehrreflexe«[22] in Wertefragen und die Gewohnheit eines aufgeregten Umgangs mit Migrationsfragen sollten einer offenen Umarmung der verschiedenen kulturellen und ethnischen Kreise der Welt weichen.

Anmerkungen

1 Moïsi, Dominique: Wie der Westen sich gegen China behaupten kann, in: *Die Welt*, 25. Juli 2012, unter http://www.welt.de/debatte/die-welt-in-worten/article108378679/Wie-der-Westen-sich-gegen-China-behaupten-kann.html, zuletzt aufgerufen am 25.7.2012.
2 Ebd.
3 Ebd.

4 Ebd.
5 Di Fabio, Udo: Die Last der Freiheit, in: *Frankfurter Allgemeine Zeitung*, 16. September 2013, S. 7.
6 Ebd.
7 Die zitierten Aussagen stammen aus unveröffentlichten Aufzeichnungen eines Symposiums, die dem Verfasser vorlagen.
8 Naß, a.a.O.
9 Ebd., S. 2.
10 Ebd., S. 2.
11 Keohane, Robert O./Nye, Joseph S.: *Power and Interdependence*. World Politics in Transition, Little: Boston 1977, S. 12 ff.
12 Vgl. Keohane/Nye, a.a.O. Siehe auch: Lehmkuhl, Ursula (Hrsg.): *Theorien Internationaler Politik: Einführung und Texte*, 2. verb. Auflage, Oldenbourg Wissenschaftsverlag: München und Wien 1997, S. 194 ff.
13 Zu Unterschieden zwischen diesen drei Machtkategorien und ihren jeweiligen Wirkungsweisen vgl. Gu, Xuewu: Strukturelle Macht: eine dritte Machtquelle?, in: *Österreichische Zeitschrift für Politikwissenschaft*, 2 2012, S. 259–275.
14 Keohane/Nye, a.a.O., S. 11f.
15 Nye, Joseph S.: Soft Power, in: *Foreign Policy*, 80 1990, S. 153–171, S. 159.
16 Anon.: Hochmut kommt vor dem Fall, Leserkommentar vom 16. Juli 2010 zu: Matthias Naß: Chinas Vorbild: China, in: *DIE ZEIT*, 15. Juli 2010, Nr. 29, unter http://www.zeit.de/2010/29/China, zuletzt aufgerufen am 24.09.13.
17 Luhmann, Niklas: *Soziale Systeme*. Grundriss einer allgemeinen Theorie, Suhrkamp: Frankfurt am Main 1984, S. 60; Luhmann, Niklas: *Ökologische Kommunikation*, Westdeutscher Verlag: Opladen ²1986, S. 266.
18 Moïsi, a.a.O.
19 Sawall, Achim: Merkel will europäisches E-Mail-Netzwerk mit Frankreich, 18.02.2014, in: http://www.golem.de/news/europaeisches-routing-merkel-will-europaeisches-e-mail-netzwerk-mit-frankreich-1402-104608.html, zuletzt aufgerufen am 20.02.2014.
20 Moïsi, a.a.O.

21 Neue Uno-Prognose. Weltbevölkerung wächst schneller als erwartet, *Spiegel Online*, 13. Juni 2013, unter http://www.spiegel.de/wissenschaft/mensch/neue-prognose-weltbevoelkerung-waechst-schneller-als-erwartet-a-905630.html, zuletzt aufgerufen am 24.09.13.
22 Sandschneider, a.a.O., S. 166.

KAPITEL 5

Eine Frage der Lernfähigkeit

In den Bereichen Technologie und Medizin, in den Wissenschaften oder im Management gibt es zweifellos viele erfolgreiche Beispiele, in denen China und der Westen voneinander gelernt haben. Dort aber, wo das Lernen in die Tiefe der Wertvorstellungen dringt, haben sich beide Seiten bislang als lernunfähig erwiesen. Und aller Wahrscheinlichkeit nach wird diese Situation in absehbarer Zeit unverändert bleiben.

Denn die unerschütterliche Überzeugung der Chinesen und der Westler von der universellen Strahlkraft ihrer jeweiligen Wertvorstellungen wird auf beiden Seiten für einen regelrechten Widerwillen sorgen, Grundsätzliches voneinander zu lernen. Mit größter Selbstverständlichkeit erhebt der Westen den Anspruch, dass sein »Menschenrechtskonzept im Sinne des Gedankens unveräußerlicher, angeborener und vorstaatlicher Menschenrechte«[1] universale Gültigkeit besitzt.

Die Chinesen stellen den Begriff der Menschenrechtsidee zwar nicht infrage, vertreten aber ebenso selbstbewusst die Universalität ihrer konfuzianischen Wertvorstellungen über Menschenpflichten und Selbstkultivierung zugunsten der Gesellschaft und der Staatsordnung. Von der »das egoistische Ich« überwindenden Kraft der konfuzianischen Humanität sind sie tief überzeugt. In dieser vereinen sich persönliche Empathie und Selbstverantwortung als Gegensatz zum Primat des Individuums. Nicht das Anspruchsdenken mit der Betonung auf die Individualrechte gegenüber dem Kollektiv, sondern die Tugend der Selbstüberwindung des Individuums zugunsten des Kollektivs soll den Menschen humaner und die Welt friedlicher machen.

Ein weiterer Grund für die pessimistische Einschätzung der Lernfähigkeit beider Seiten liegt in der Asymmetrie des Lernens. Seit fast zwei Jahrhunderten ist der Chinese ein braver Schüler des Westens. Vom Sozialismus über den Marxismus und den Kommunismus bis hin zum Kapitalismus beziehungsweise Wirtschaftsliberalismus haben die Chinesen eigentlich alle grundlegenden gesellschaftspolitischen Konzepte des Westens übernommen. Nur der Individualismus und der politische Liberalismus konnten sich in China nicht durchsetzen, wohl aus dem Grund, dass sie dem Primat des Kollektivs fundamental widersprechen und daher mit dem Charakter der chinesischen Zivilisation nicht kompatibel sind.

Im Gegensatz zu China hat der Westen hierin keine großen Erfahrungen vorzuweisen. Dass er von externen Zivilisationen nicht zu lernen bereit war, hat offensichtlich damit zu tun, dass er in den letzten Jahrhunderten seit der Französischen Revolution und der britischen Industrierevolution immer der Vorreiter war, wenn es um den »Fortschritt« ging. Von anderen zu lernen war einfach nicht notwendig. Insbesondere der »Eurozentrismus«, die Beurteilung außereuropäischer Entwicklungen nach europäischen beziehungsweise westlichen Kriterien, leistet einen nicht unwesentlichen Beitrag zur unterentwickelten Lernfähigkeit des Westens.

Es hat den Anschein, als bräuchte der Westen im Grunde genommen eine zweite Aufklärung im Sinne der Überwindung der eurozentrischen Denk- und Handlungsmuster, um sich der globalisierten Welt anzupassen. Ideengeschichtlich betrachtet, geht es in der Tat darum, die Notwendigkeit eines Umdenkens von einer eurozentrischen zu einer weltoffenen Wertanschauung zu begreifen. Es geht schließlich um nichts weniger als um die Rückkehr zu jenem vernunftorientierten Denken der europäischen Tradition, welches seit dem Aufkommen des Eurozentrismus schwächer und schwächer wurde, wenn nicht gänzlich verschwunden ist.

So wird der Eurozentrismus samt seiner als universal betrachteten Werte und Normen seit der Intensivierung der Globalisierung zunehmend infrage gestellt. Neue Zentren des Denkens sind entstanden und neue Maßstäbe zur Beurteilung der Welt wurden entwickelt, die letztlich das Ende Europas als alleiniges Zentrum allen Denkens und Handelns herbeiführen könnten.

Dabei impliziert eine Abkehr vom eurozentrischen Denken nicht zwangsläufig eine Enteuropäisierung des westlichen Denkens. Im Gegenteil: Auf diese Weise sollte die Wiederaufnahme der europäischen Tradition eines weltoffenen Denkens erleichtert werden, die durch die zu starke Selbstbezogenheit teilweise verdrängt wurde. Es geht um die Wiederbelebung des aufklärerischen Gedankens, dass es möglicherweise Ideen und Konzepte außerhalb Europas geben könnte, die für Europa nützlich gemacht werden können. Schon Gottfried Wilhelm Leibniz hat von der bereichernden Bedeutung eines »wechselseitigen Austauschs des Wissens« zwischen China und dem Abendland gesprochen: »[T]auschen wir die Gaben aus und entzünden wir Licht am Lichte.«[2]

»Licht am Lichte« sollen China und Europa intellektuell entzünden und sich gegenseitig befruchten: Welche wegweisende Vorstellung aus dem 17. Jahrhundert für die Herausforderungen des 21. Jahrhunderts! In einem Brief vom 21. März 1692 an den italienischen Jesuiten Claudio Filippo Grimaldi (1638–1712), der im Rahmen seines rund 20-jährigen Aufenthalts in China auch als Kalenderbeamter am Hof des Kaisers Kangxi gedient hatte, schlug Leibniz vor:

> *»[Die Jesuiten] bringen unsere mathematischen Entdeckungen zu den Chinesen, aber ich hoffe, dass Sie auch etwas zurückbringen werden, wovon die europäische Wissenschaft bereichert wird. Dies gilt vor allem in der Kenntnis der Natur (und ihrer Eigenschaften und ihrer Kräfte), in welchem Bereich die Chinesen, wie ich nicht zweifle, manches vermögen, da sie durch die Tradition so vieler Jahrhunderte begünstigt sind.«*[3]

Leibniz' Interesse an China blieb aber nicht auf die chinesische Kenntnis der Natur beschränkt. Sein Interesse an der konfuzianischen Ethik war so stark, dass er sogar mit dem Gedanken spielte, sie als »Beispiel einer vernunftbegründeten Morallehre« nach Europa einzuführen. Dass Leibniz sich auch leidenschaftlich für eine Anpassung der christlichen Inhalte und ihrer Vermittlung an chinesische Lebens- und Denkweisen eingesetzt hat, wurde durch zahlreiche wissenschaftliche Untersuchungen nachgewiesen.[4]

Nach den Untersuchungen Manfred Ostens beispielsweise forderte Leibniz in seiner im Alter von 51 Jahren verfassten »Novissima Sinica« (Das Neuste von China, 1697), dass die westliche Belehrungsgesellschaft in Bezug auf China dringend in eine Lerngesellschaft transformiert werden müsse. China solle Missionare in den Westen entsenden, »zur richtigen Anwendung und Praxis des Verhaltens der Menschen untereinander«. Osten zufolge plädierte Leibniz sogar für Chinesisch als Weltsprache der Wissenschaft und entwarf selbst einen Schlüssel zum leichteren Erlernen der chinesischen Schrift.[5]

Leibniz konnte natürlich nicht ahnen, dass das von ihm so bewunderte chinesische wissenschaftliche wie ethische Vermögen hundert Jahre später den hoch modernen Waffentechnologien des industrialisierten Europas nicht gewachsen sein würde. Sein idealisierendes Chinabild sollte bald von einem neuen Zeitgeist in Europa abgelöst werden. So beschreibt der Sinologe Rudolf Wagner die völlig veränderte Wahrnehmung Chinas im Zuge der europäischen Aufklärung als einen geistigen

Paradigmenwechsel, der die Bewertung der Bedeutung chinesischer Zivilisation, Herrschaft und Sprache für Europa radikal revolutionierte. Den ursprünglichen Grund für die zuvor so positive Einschätzung Chinas seitens europäischer Intellektueller wie Leibniz führt Rudolf Wagner auf »[den] im Vergleich zu Europa verhältnismäßig großen Wohlstand und öffentlichen Frieden im China des 18. Jahrhunderts zurück. Dieser schien für viele in Europa ein klarer Beweis für die Überlegenheit einer Regierungsform mit einem absolutistischen Herrscher zu sein, der den vielfältigen Überprüfungen durch den Himmel, seine Beamten und die spontanen Gefühle des Volks unterworfen und zudem der Sicherung eines arbeitsamen und friedlichen Lebens seines Volkes verpflichtet war.« Was aber für Leibniz ein Vorbild für Europa darstellte, galt Montesquieu (1685–1755) und Rousseau (1712–1778) als »Despotismus«, »der durch ›Furcht‹ am Leben erhalten werde«.[6]

In Montesquieus Postulat der Gewaltenteilung und Rousseaus Gemeinwillen hat eine Herrschaft, die auf »Furcht« beruht, natürlich keinen Platz. Merkwürdigerweise begründete Montesquieu – dies geht aus der Untersuchung von Cay Friemuth deutlich hervor – die chinesische »Herrschaft durch Furcht« mit einem klimatheoretischen Argument. Demnach fürchten sich die Chinesen, weil sie, »vom heißen Klima ihrer Heimat gelähmt«, feige seien. Aus ihrer Feigheit ergäben sich bei ihnen wiederum die Bedürfnisse nach »detaillierten Verhaltensvorschriften, die sie zur Erfüllung ihrer Pflichten antreiben. Bei Übertretungen drohe stets die Prügelstrafe. [...] China werde somit nicht mit konfuzianischer Tugend, sondern mit dem Stock regiert.«[7] Die logischen Konsequenzen dieser Analyse lagen für Montesquieu auf der Hand: Für die Europäer, deren mutigen und anständigen Charakter Aristoteles bereits im Vergleich zu den »feigen« Asiaten herausgearbeitet hatte, kann die chinesische »Herrschaft durch Furcht« mit ihren »klimatisch verweichlichten Sitten« selbstverständlich kein Vorbild, wie Leibniz es sich vorgestellt hatte, sein.

Rousseau hingegen, wie Cay Friemuths vergleichende Untersuchung auch zeigt, begründet die chinesische Feigheit mit der chinesischen Hochkultur: Die von den Europäern an den Chinesen so bewunderte Verfeinerung der Sitten sei letztlich der Ausdruck extremer Dekadenz. Die Chinesen hätten sich den mandschurischen Eindringlingen aus jener Trägheit und Feigheit heraus unterworfen, die durch die zivilisierte und kultivierte Bedürfnislosigkeit erzeugt wurde. »Zivilisation führt zu Feigheit, und Feigheit wiederum führt zu Sklaverei«, würde Rousseau diejenigen warnen, die sich der Gefahr des Niedergangs einer Gesellschaft nicht bewusst sind, weil sich ihre Mitglieder in ihrer hoch kultivierten Trägheit und verwöhnten Feigheit schwertun, sich effektiv gegen ihre eigene Dekadenz und damit gegen eine lautlose Erosion ihrer Zivilisation zu wehren.

Die sich langsam abzeichnende Trägheit der chinesischen Führungselite der Gegenwart bezüglich tief greifender politischer Reformen und die immer deutlicher zu beobachtende Erosion der Wohlfahrtsstaaten des Westens im 21. Jahrhundert scheinen, wenn auch aus unterschiedlichen Gründen, die Feigheitsthese zu stützen. Für beide Seiten ist es an der Zeit, voneinander zu lernen und gemeinsam »Licht am Lichte« zu entzünden, um sich gegenseitig zu inspirieren und so die globalisierte Trägheit und Feigheit zu überwältigen, wie es Leibniz einst vorgeschlagen hatte.

Wäre es nach Leibniz gegangen, hätten die Chinesen das rückständige Europa »sittlich« missioniert. Er glaubte, die Europäer seien in Ethik und Politik den Chinesen »sicherlich unterlegen«. Sein Vorschlag für Europa war daher in der Tat so »unerwartet wie radikal« (Poser):

> *»Die Lage unserer Verhältnisse scheint solcherart zu sein, dass ich, da die Verderbnis der Sitten ins Unermessliche anschwillt, es fast für nötig halte, dass chinesische Missionare zu uns gesandt werden, welche uns den Zweck und die Übung natürlicher Theologie lehren, wie wir Missionare zu ihnen schicken, um sie in der geoffenbarten Religion zu unterrichten. Daher glaube ich, dass, wenn ein weiser Mann zum Recht bestellt würde – nicht über die Gestalt der Göttinnen, sondern über die Vorzüglichkeit der Völker –, er den goldenen Apfel den Chinesen reichen würde, wenn wir dieselben nicht vornehmlich durch ein allerdings übermenschliches Gut überragten, nämlich durch das göttliche Geschenk der christlichen Religion.«*[8]

Leibniz' Vorschlag stellte eine akademische Hochbewertung der chinesischen Zivilisation dar. Chinesische Missionare aber sind nie nach Europa gekommen. Im

Gegenteil: Die Chinesen schickten nach der Niederlage im Opiumkrieg gegen die Briten im Jahre 1842 und später gegen alle nach China expandierenden europäischen Mächte immer mehr Studenten in die westlichen Staaten mit der Aufgabe, westliche Techniken zu erlernen. Im Grunde genommen ist das Lernen Chinas vom Westen bis heute durch diesen Charakter geprägt.

Trotz ihrer Weigerung, das Primat des Individuums zu übernehmen, bleiben die Chinesen Schüler des Westens. Dies begründet auch die Asymmetrie zwischen China und dem Westen, der nicht einmal daran interessiert zu sein scheint, oberflächliche Dinge von China zu lernen. Vor diesem Hintergrund wird die Zumutung deutlich, die darin bestünde, Kernelemente des chinesischen Kollektivismus zu erlernen. Nichtsdestotrotz liegt es für viele auf der Hand, dass eine nachhaltige Genesung der westlichen Sozialstaaten mit der Anspruchsmentalität und dem Staatsmisstrauen, welche den Individualismus prägen, nicht zu erreichen ist.[9]

In einer Zeit, in der die Chinesen immer selbstbewusster geworden sind, ist es auch schwer vorstellbar, dass sie ihrerseits wiederum bereit wären, sich dem »Primat des Individuums« zu öffnen und damit die Asymmetrie der chinesisch-westlichen Lernbereitschaft zu vergrößern, zumal sie den Eurozentrismus zunehmend als arrogant und herablassend empfinden.

Tief konfuzianistisch geprägte Menschen in China sind davon überzeugt, dass es mit den Menschenpflichten und dem Familiensinn im Westen bergab geht. Die Gründe dafür sehen sie hauptsächlich in einem übertriebenen Individualismus. *The American boat is sinking*, sagen viele konfuzianisch gesinnte Asiaten selbstbewusst. Aus ihrer Sicht müssen die westlichen Gesellschaften konfuzianische Werte übernehmen, um die gesellschaftliche Schieflage wieder in Ordnung zu bringen. »If Americans were to try to begin learning from Asians, their nation would become a better one.«[10]

Wie aber lässt sich die zu beobachtende Asymmetrie der chinesischen und westlichen Lernbereitschaft beziehungsweise Lernfähigkeit erklären? Eine gewagte These läge in der Behauptung, die chinesische Kultur stelle eine Lernkultur dar und die westliche eine Belehrungskultur. Diese Vorstellung macht es zuerst notwendig, uns mit der Frage nach der Natur der Kultur zu beschäftigen. Der einflussreiche Geschichtsphilosoph Oswald Spengler beispielsweise versteht Kultur zum einen »als *Idee des – allgemeinen oder einzelnen – Daseins*« und zum anderen »als *Körper* dieser Idee, als die Summe ihres Versinnlichten, räumlich und faßlich [sic!] gewordenen Ausdrucks: Taten und Gesinnungen, Religion und Staat, Künste und Wissenschaften, Völker und Städte, wirtschaftliche und gesellschaftliche Formen, Sprachen, Rechte, Sitten, Charaktere, Gesichtszüge und Trachten«.[11]

Das Verständnis von Kultur als zeitliche, räumliche, sprachliche und institutionelle Verkörperung von Ideen hat den Vorteil, die Wurzel und den Ursprung der Gesamtheit der Kultur im Bereich der Ideen zu suchen; ihm mangelt es jedoch an analytischer Schärfe zur Gewichtung der Elemente, die die Gesamtheit der Kultur konstituieren. Im Grunde genommen hat Oswald Spengler darauf verzichtet, die entscheidenden Elemente, die eine Kultur ausmachen, zu bestimmen. Dieser Aufgabe widmet sich dagegen Samuel Huntington, indem er der Kategorie »Religion« eine herausragende Rolle einräumt und diese als maßgebend für das Wesen einer Kultur betrachtet. »Blut, Sprache, Religion, Lebensweise«, so Huntington, »waren das, was die Griechen gemeinsam hatten und was sie von den Persern und anderen Nichtgriechen unterschied. Von allen objektiven Elementen, die eine Kultur definieren, ist jedoch das wichtigste für gewöhnlich die Religion [...] In ganz hohem Maße identifiziert man die großen Kulturen der Menschheitsgeschichte mit den großen Religionen der Welt.«[12]

Huntingtons Sicht auf die Religion als das definierende Element liefert uns einen Ansatz, die kollektive Lernfähigkeit eines bestimmten Kulturkreises als ein Kulturphänomen zu begreifen und ihre Stärke oder Schwäche mit der dieser Kultur zugrunde liegenden Religion in Verbindung zu bringen. Vergleichen wir nun die Lernfähigkeit Chinas mit der des Westens, so fällt vor allem eines auf: Die westliche Kultur scheint sich weit schwerer für das Fremde und damit für das Lernen zu öffnen als die chinesische. Dieser Eindruck begründet sich darin, dass der Westen durch das Christentum als missionierende Religion geprägt ist und die chinesische nicht. Eine missionierende Religion ist bekanntlich geneigt, sich zu einer aktiven Verbreitung der als universal gültig definierten Wertvorstellungen der eigenen Religion berufen zu fühlen. Nicht die Aneignung anderer, sondern die Ausdehnung eigener Wertvorstellungen gehört zu ihrem ausgeprägten Sendungsbewusstsein. Dem (Kennen-)Lernen des anderen werden keine Prioritäten eingeräumt, die Bekehrung von Fremden hingegen versteht sich als heilige Aufgabe von selbst. Mit anderen Worten: Andere zu missionieren und von Fremden zu lernen passen bei einer missionierenden Religion von der grundlegenden Logik her nicht zusammen. Sendungsbewusstsein und Lernbereitschaft schließen sich in der Regel gegenseitig aus. Vermutlich ist es dieser starke missionarische Charakter, der es dem Westen erschwert hat und immer noch erschwert, eine ausgeprägte Lernkultur gegenüber nicht westlichen Kulturen zu entfalten.

Der frühere amerikanische Außenminister Henry Kissinger hat einmal darauf hingewiesen, der amerikanische Exzeptionalismus sei »missionarisch«, die chinesische Einzigartigkeit hingegen »kulturell«. »China missioniert nicht«, so stellte Kissinger fest, »es behauptet nicht, dass seine derzeitigen Institutionen außerhalb Chinas relevant seien.«[13]

»Es genügt«, so interpretierte Altbundeskanzler Helmut Schmidt den Charakter der chinesischen Zivilisation, »wenn die anderen kommen und den Kotau machen. Das zeugt von einem großen Selbstbewusstsein. In dieser Hinsicht sind sie ganz anders verfahren als die Päpste, ganz anders als die Portugiesen, die Spanier, die Engländer, die Holländer. Sogar das kleine Portugal hat auf chinesischem Boden eine Kolonie errichtet.«[14]

Der die chinesische Kultur tragende Konfuzianismus ist dagegen keine Religion, sondern vielmehr eine praktische Lebensphilosophie. Von Beginn an wurde die konfuzianische Lehre durch eine starke Irreligiosität geprägt. Rund 500 Jahre vor Christus philosophierten mehr oder weniger zeitgleich Weise in unterschiedlichen Gebieten der Welt: Buddha (nach neueren Forschungen ca. 5. bis 4. Jh. v. Chr.) in Indien, Zarathustra (um 600 v. Chr.) im persischen Raum, Sokrates (469–399 v. Chr.) in Griechenland und Konfuzius (551–479 v. Chr.) in China.

Während der Buddhismus und der von Zarathustra gestiftete Parsismus ihrem Wesen nach Religionen gleichkamen, brauchte die Philosophie der Griechen von Sokrates über Plato bis Aristoteles einige Zeit, bis sie mit religiösen Denkrichtungen verschmolz. Zusammen mit dem später entwickelten Denken der Römer und des frühen Christentums bildete das Denken der Griechen drei Grundpfeiler des politischen Denkens, die die zwei Jahrtausende europäischer Geschichte in wechselnder Ausprägung mitgestaltet haben. Trotz der Säkularisierung des politischen Denkens in Europa, die im 16. Jahrhundert durch Machiavelli eine entscheidende Schubkraft erhielt, sind die abendländischen Grundwerte und -normen grundsätzlich christlich geprägt.

Im Vergleich zum Buddhismus, dem Parsismus und dem westlichen Denken fällt auf, dass das konfuzianische Denken nicht nur von Anfang an irreligiös war, sondern seinen atheistischen Charakter auch bis heute bewahrt hat – trotz intensiver Berührungen mit verschiedenen religiösen Strömungen während der vergangenen Jahrtausende. Die Irreligiosität des Denkens von Konfuzius hat im Wesentlichen mit dem nüchternen Skeptizismus zu tun, mit dem er Überirdisches behandelt. Zwar hat Konfuzius niemals die Existenz von Göttern oder Geistern infrage gestellt. Aber seine mangelnde Frömmigkeit gegenüber den Geistern ist nicht zu übersehen. Sein Denken ist prinzipiell nicht auf das Jenseits, sondern auf das Diesseits ausgerichtet, obwohl er es nicht grundsätzlich ablehnt, von transzendenten Kräften zu sprechen. So antwortete Konfuzius einmal seinem Schüler Ji Lu, als dieser ihn nach dem Wesen des Dienstes der Geister fragte: »Wenn man noch nicht einmal den Menschen dienen kann – wie sollte man den Geistern dienen können!«[15] Ein anderes Mal befürwortet er zwar die Ehrung von Geistern und Göttern, rät aber seinen Schülern ausdrücklich, sich den »Dämonen und Göttern fernzuhalten«.[16]

Es hat den Anschein, als schwanke Konfuzius zwischen Theismus und Deismus. Einerseits sprach er niemals von Gott als dem Schöpfer oder als ewige und allmächtige Erscheinung. Auch fehlt bei ihm eine Sündenlehre. Andererseits ermutigte er die Menschen aufrichtig, an den Opferzeremonien teilzunehmen. Offensichtlich wurde Religion von Konfuzius nur als ein Staatskult im engen Zusammenhang mit gesellschaftlicher Harmonie und politischer Stabilität betrachtet. Er respektierte aber die religiösen Zeremonien – nicht weil er an Gott, sondern weil er an die Kraft der Tradition und die soziale Funktion des Rituals glaubte.

Das politische Denken des Konfuzius als irreligiös zu interpretieren, könnte bei denjenigen Einwände hervorrufen, die das Bekenntnis des Konfuzius zum Himmelskult als Beleg seiner Gottesfurcht deuten mögen. In der Tat hat Konfuzius im inzwischen beinahe als konfuzianische Bibel behandelten »Lunyu« gelegentlich vom Himmel gesprochen – ein vorkonfuzianisches Postulat, demzufolge der Herrscher im Auftrag des Himmels die Regierungsmacht ausübe. Der Herrscher verwirke das Mandat zur Herrschaftsausübung, wenn er die Gunst des Himmels verliere und damit für diesen Auftrag unwürdig werde.

Es ist zwar richtig, dass Konfuzius diese himmlische Legitimationstheorie nicht infrage gestellt hat. Aber es trifft auch zu, dass er es nirgendwo in seinem Gespräch »Lunyu« im oben angeführten ursprünglichen Sinne bejaht hat. Der Freiburger Sinologe Peter Greiner vertritt zwar die Auffassung, Konfuzius habe dieser Theorie zugestimmt, kann aber für seine Behauptung keine Belege liefern.[17] Nur zweimal erwähnt Konfuzius im »Lunyu« ausdrücklich den Begriff *tianming* (das Mandat des Himmels), obwohl der Begriff *ming*, der von vielen oft als das Synonym für *tianming* betrachtet wird, noch fünfmal im »Lunyu« zu finden ist.[18]

An keiner dieser sieben Stellen verwendet Konfuzius jedoch den Begriff im Sinne einer Bejahung des Postulats des himmlischen Mandats in seiner ursprünglichen Form. Vielmehr lässt Konfuzius erkennen, dass sein Verständnis von *tianming* mit dem des Mandats des Himmels im ursprünglichen Sinne nicht deckungsgleich ist. Die Berufung auf den Himmel war deswegen notwendig, weil seine Vorstellungen nur mithilfe einer solchen Tarnungsstrategie von der Gesellschaft, die vollständig vom vorkonfuzianisch entwickelten Himmelskult beherrscht war, verstanden werden konnten. Dieses verbale Bekenntnis zum Himmel kann jedoch nicht als innere Frömmigkeit gedeutet werden. Die Frage nach dem Verhältnis zwischen dem Herrscher und den überirdischen Kräften hat Konfuzius nie wirklich interessiert. Sein Hauptinteresse lag vielmehr darin, das Herrschaftsverhältnis auf der Erde in Harmonie und Ordnung zu bringen.

Jedenfalls braucht man große Fantasie, um die konfuzianische Lehre, in der überirdische Fragen kaum eine Rolle spielen und die weder ein Gottesgnadentum noch eine Sündenlehre kennt, als Religion zu qualifizieren. Sie bleibt, wie auch der Aufklärer Christian Wolff erkennt, eine »praktische Philosophie der Chinesen« und »eine Sittlichkeit ohne Religion«.[19] Ob diese konfuzianische Irreligiosität die Lernfähigkeit der Chinesen gegenüber fremden Kulturen verstärkt hat, sei hier dahingestellt. Jedenfalls kann man feststellen, dass sich die chinesische Kultur aufgrund des nicht theistischen Charakters ihrer tragenden Philosophie sowie des Fehlens einer gemeinsamen Religion nicht zu einer Kultur mit missionarischer Prägung entwickelt hat.

In diesem Zusammenhang fällt auf, dass fast alle prominenten Westler, die sich im ausgehenden 17. und beginnenden 18. Jahrhundert für einen intensiven Wissensaustausch und ein gegenseitiges Lernen zwischen China und dem Abendland einsetzten oder China als Vorbild für Europa idealisierten, mehr oder wenig entfernt von missionarischer Gesinnung zu verorten sind. Ganz offensichtlich fiel es ihnen aus genau diesem Grund leichter, offen von China als Vorbild zu sprechen. Dies gilt sowohl für Leibniz, der sich über 50 Jahre lang bis zu seinem Tod mit Chinas Sprache, Philosophie und Ethik intensiv und leidenschaftlich beschäftigte, als auch für Christian Wolff, für den China Platos These belegte, »der glücklichste Staat [sei] derjenige, dessen Philosophen Könige beziehungsweise dessen Könige Philosophen sind«[20].

Eine ähnliche Korrelation zwischen Chinabegeisterung und Abwesenheit von Missionierungsleidenschaft lässt sich ebenfalls bei Voltaire und Friedrich dem Großen beobachten. Wie Cay Friemuth darstellt, betrachtete Voltaire im Konsens mit Wolff »einen Philosophenkönig« als ideal, »der die Menschen zum Glück führt«, allerdings »ohne christliche Bezüge«. Voltaire, der wegen seiner schonungslosen Kirchenkritik als Atheist stigmatisiert wurde, galt die katholische Kirche als »der größte Feind der Menschheit«. Wolffs Auffassung, China könne als Beleg dafür betrachtet werden, dass »auch Atheisten zu moralischem Handeln in der Lage sind«[21], fand bei Voltaire volle Zustimmung. Friedrich der Große, an dessen Hof Voltaire als königlicher Kammerherr von 1750 bis 1753 gedient hatte, scheint der erste europäische Politiker gewesen zu sein, der von Beginn an von einer »geistigen und körperlichen Gleichheit von Europäern und Chinesen« sprach. Mit seinen »chinesischen Briefen«, die der preußische König unter dem chinesischen Kunstnamen »Phihihu, der Gesandte des Kaisers von China in Europa« veröffentlicht hat, lobt er das chinesische Kaiserreich in den Himmel, als hoch moralisiertes

Land mit einer Sittengesellschaft, die »ohne Religion bestehen könne«. Während Voltaire durch seine Schriften Konfuzius »zum Heiligen der Aufklärung und zum Stifter einer postchristlichen und mit den empirischen Wissenschaften kompatiblen Moral« erklärte und seine Lehre europaweit populär machte, versuchte »Friedrich Phihihu« die katholische Kirche als »das Erzübel Europas« zu entlarven.[22]

Allerdings dürfte die Lernbereitschaft und Lernfähigkeit des absolutismuskritischen Voltaire, eines leidenschaftlichen Kämpfers für die Gleichheit aller Bürger vor dem Gesetz, auf Grenzen stoßen, sähe er sich heute mit der chinesischen Forderung konfrontiert, das Primat des Individuums des westlichen Liberalismus gegen das Primat des Kollektivs des chinesischen Neokonfuzianismus auszutauschen. Die Lernfähigkeit und die Lernbereitschaft, die wir bei den prominenten Vordenkern der europäischen Aufklärung beobachtet haben, sollte also in ihrem jeweiligen historischen Kontext betrachtet werden. Voltaire und Friedrich der Große schwärmten deswegen so leidenschaftlich für Konfuzius und seine Lehre der Ethik, weil sie eine wirkungsvolle Waffe brauchten, um das Machtmonopol der katholischen Kirche zu brechen, nicht mehr und nicht weniger.

Erst wenn die Menschen die Oberfläche der Zivilisation – wie Wissen, Technologie, Sitten oder Institutionen – verlassen und in die Tiefe der Wertfragen dringen, offenbart sich das wahre Gesicht ihrer Lernfähigkeit. Oswald Spengler hat schon vor fast hundert Jahren darauf hingewiesen, die Bekehrung eines Menschen zu einer seinem Wesen fremden Moral sei unmöglich. »Mag man heute von einer Umwertung aller Werte reden, mag man als moderner Großstädter zum Buddhismus, zum Heidentum oder zu einem romantischen Katholizismus ›zurückkehren‹ [...] man tut, will, fühlt trotzdem dasselbe.«[23]

Dieses Problem der Schwererreichbarkeit der kulturell tief verwurzelten Werte durch Lernen, das bei allem Respekt vor moderner Lerntheorie nur ein kognitives Sozialverhalten darstellt, ist genau das Problem, mit dem China seit dem 19. Jahrhundert konfrontiert ist. Das heißt, es gibt Dinge, die man sich trotz fleißigen Lernens nicht aneignen und verinnerlichen kann. Chinesen würden sich daher sehr gekränkt fühlen, wollte man sie als lernunfähig einstufen. Geschlagen von den waffentechnologisch und institutionell-organisatorisch überlegenen Europäern, begannen sie doch bereits seit der zweiten Hälfte des 19. Jahrhunderts, von Europa zu lernen. Und bis heute haben sie zahlreiche wertvolle Dinge vom Westen gelernt. Viele Menschen im Westen bewundern beispielsweise die Existenz einer seit mehreren Jahrtausenden bestehenden einheitlichen Schrift in China, aber nur wenige von ihnen wissen, dass China die Geburt seiner modernen Schriftsprache der europäischen Aufklärung zu verdanken hat.

Die Übersetzung und das Studium führender Aufklärungsautoren wurden als eine unverzichtbare Voraussetzung für die Erneuerung der chinesischen Nation identifiziert. Jedoch stieß man bei der Übersetzung europäischer Texte auf erhebliche Sprachprobleme, nicht weil man die westlichen Sprachen nicht beherrschte, sondern weil die Strukturen der klassischen Schrift der chinesischen Sprache *(wenyanwen)* mit der sinnvollen und inhaltlich begreiflichen Wiedergabe der Gedanken und Ideen europäischer Autoren völlig überfordert waren. Dafür musste eine neue Schriftsprache mit alten Zeichen, aber neuen Sprachstrukturen geschaffen werden. Grammatik, Satzbau und Formlehre europäischer Sprachen wurden zum Vorbild der chinesischen Sprachreformen, die schließlich im Jahre 1898 zur Entstehung der sogenannten *baihuawen*, »einer gleichsam [grammatisch] europäisierten Umgangssprache« führte.[24]

Allerdings sind die Chinesen nicht deswegen weltanschaulich westlicher geworden, weil ihre Umgangssprache grammatisch europäisiert wurde. Im Gegenteil: Die europäisierte Umgangssprache der Chinesen machte sie bei chinesisch-westlichen Debatten beispielsweise über Wertfragen noch schlagfertiger, weil die Formlehre, die Satzbauregeln und die Grammatik aus Europa es ihnen ermöglichten, ihre Argumente und Gedanken noch klarer und logischer zu formulieren. Anders ausgedrückt: Die Europäisierung der chinesischen Umgangssprache, die die Lernfähigkeit der Chinesen eindeutig unter Beweis gestellt hat, hat nicht zu einer Europäisierung ihrer Weltanschauungen geführt. Hingegen erhielten die klassischen konfuzianischen Wertvorstellungen dadurch einen neuen sprachlichen Träger, um die Massen noch verständlicher und damit effektiver zu erreichen.

Die chinesische Lernbereitschaft verstärkte sich rasant, nachdem China unter der Führung von Deng Xiaoping die Abschottung gegenüber den westlichen Staaten beendet hatte. Seither wurden schätzungsweise mehr als zwei Millionen Studenten und Wissenschaftler in die westlichen Länder geschickt. Auf einer feierlichen Veranstaltung zum 100. Gründungstag der Chinesischen Europa- und Amerika-Alumni-Vereinigung, die in der prächtigen Volkshalle Beijing am 21. Oktober 2013 stattfand, sprach Staatspräsident Xi Jinping von 2,64 Millionen chinesischen Bürgern und Bürgerinnen, die in den letzten 30 Jahren in Amerika, Europa, Asien, Afrika und Australien studiert haben. Allein in Deutschland studieren zum gegebenen Zeitpunkt etwa 25 000 chinesische Studenten. Inzwischen rangieren die Chinesen flächendeckend in allen westlichen Ländern auf dem Spitzenplatz der Listen ausländischer Studenten und Wissenschaftler. Jedoch hat sich das Paradigma bezüglich des Lernens vom Westen, das von Zhang Zhidong (1837–1909), dem Reformer der späteren Qing-Dynastie, eingeführt wurde, dabei wenig geändert: Übernahme westlicher Wissenschaften und Technologien unter der Beibehaltung chinesisch-traditioneller Werte.

Paradoxerweise waren es die wenigen vom christlichen Sendungsbewusstsein emanzipierten Westler, die in die tiefere Sittenschicht und geistige Welt des Lernens eindrangen. Wenn es in der Geschichte überhaupt eine Epoche des wahrhaft tief gehenden Voneinanderlernens gegeben hat, war dies die Zeit des 17. und 18. Jahrhunderts, in der die großen Aufklärer wie Leibniz, Wolff, Voltaire oder Friedrich der Große mit ihrem idealisierten Chinabild auftraten.

Dieser Zustand ist entmutigend, aber nicht ungewöhnlich. Immerhin hat es bislang einen realen, wenn auch einseitigen Lernprozess von Ost nach West gegeben. Die chinesische Lernfähigkeit hat sich stark genug entwickelt, um den Widerstand innerhalb Chinas gegen die Aneignung westlicher Ideen und Institutionen relativieren zu können. Der Westen aber erachtete es nach dem 18. Jahrhundert nicht mehr für nötig, von der chinesischen Kultur zu lernen. Seine Überlegenheit in jedweder Hinsicht – von Waffen, Transportmitteln und Logistiksystemen über medizinische Hilfsdienste und Kommunikationsmittel bis hin zu Disziplin, Organisation und Ausbildung der Truppen – erlaubte es dem Westen, seine Herrschaft und Kontrolle über die ganze Welt auszudehnen. Wie Samuel Huntington es dargestellt hat, »umfasste 1900 [allein] das viktorianische Weltreich, in dem die Sonne niemals unterging, 28,49 Millionen Quadratkilometer und 390 Millionen Menschen. [...] Im Zuge dieser europäischen Expansion [...] wurde China vom Westen durchdrungen und unterworfen.«[25]

Dies war kein Erfolg des Lernens, sondern der Waffengewalt.

Anmerkungen

1 Kühnhardt, Ludger: *Die Universalität der Menschenrechte*, Bundeszentrale für Politische Bildung, Bonn 1987, S. 229.
2 Zitiert nach Poser, a.a.O.
3 Zitiert nach Poser, a.a.O.; Zum Lebenslauf von Claudio Filippo Grimaldi vgl.: Widmaier, Rita (Hrsg.): *Gottfried*

Wilhelm Leibniz: Der Briefwechsel mit den Jesuiten in China (1689–1714), Felix Meiner Verlag: Hamburg 2006, S. 2 ff.

4 Vgl. hierzu insbesondere den von Wenchao Li und Hans Poser herausgegebenen Sammelband *Das Neueste über China. G. W. Leibnizens NOVISSIMA SINICA* von 2000, in dem fast alle führenden Leibniz-Forscher der Gegenwart sich mit hoch qualitativen Beiträgen zusammenfinden. Einer davon ist der Aufsatz von Hans Poser (S. 11–28), der einen ausgewogenen und informativen Überblick über Leibnizens Chinainteresse, seine Motivationen und seine Denkkategorien liefert.

5 Unveröffentlichter Vortrag von Manfred Osten, gehalten am 28. November 2011 beim Internationalen Club in Bonn.

6 Wagner, Rudolf G.: China: Vom Quell zum Objekt der Aufklärung, in: Stiftung Mercator (Hrsg.): *Aufklärung im Dialog*. Eine deutsch-chinesische Annäherung, Essen 2013, S. 48–63, S. 53–54.

7 Friemuth, a.a.O, S. 56.

8 Leibniz, *NOVISSIMA SINICA*, §10, S. 18 f. Zitiert nach Poser, a.a.O., S. 24.

9 Vgl. hierzu: Schoettli, Urs: Was Europa von Asien lernen kann: Die asiatische Herausforderung als Chance zur Erneuerung und zur Abkehr vom Anspruchsdenken, in: *Neue Zürcher Zeitung*, 5./6. Januar 2008, S. 13.

10 Vgl. hierzu: Reid, T. R.: Confucius Says: Go East, Young Man. Many Asians Now Think Their Lives and Values Are Better Than »the American Way«, in: *Washington Post*, 19. November 1995.

11 Spengler, Oswald: *Der Untergang des Abendlandes*. Umrisse einer Morphologie der Weltgeschichte, ungekürzte Ausgabe, Deutscher Taschenbuch Verlag: München ^{17}2006, S. 74.

12 Huntington, Samuel P.: *Kampf der Kulturen*. Die Neugestaltung der Weltpolitik im 21. Jahrhundert, Europaverlag: München 1996, S. 52.

13 Kissinger, Henry: *China zwischen Tradition und Herausforderung*, C. Bertelsmann Verlag: München 2011, S. 12.

14 Schmidt, Helmut: *Nachbar China*. Helmut Schmidt im Gespräch mit Frank Sieren, Ullstein: München 2007, S. 278.

15 Kongzi (Konfuzius): *Lunyu (Die Gespräche)*, IX 11, in: Sishu Duben (Nachdruck), Taipeh 1987. Dabei beziehen sich die

römischen Ziffern auf die einzelnen Bücher im »Lunyu« und die arabischen auf die einzelnen Abschnitte innerhalb jedes Buches.
16 Ebd., VI 20.
17 Greiner, Peter: Der Herrscher und das Gesetz. Gemeinsamkeiten im Konfuzianischen und legistischen Staatsdenken, in: Naundorf, Gert (Hrsg.): *Religion und Philosophie in Ostasien*, Verlag Königshausen & Neumann: Würzburg 1985, S. 415–423.
18 Kongzi (Konfuzius), a.a.O., XII 5; XII 5; XIV 38; XVI 8 und XX 3.
19 Wolff, Christian: *Rede über die praktische Philosophie der Chinesen*, vom Lateinischen ins Deutsche übersetzt, eingeleitet und herausgegeben von Michael Albrecht, Felix Meiner Verlag: Hamburg 1985, S. XLIV.
20 Zitiert nach Friemuth, a.a.O, S. 9.
21 Tatsächlich vertritt Christian Wolff die Auffassung, die Vernunft sei die Lehrmeisterin des Gesetzes der Natur. Ausgehend vom Beispiel des konfuzianischen China nimmt er an, dass die Menschen nicht unbedingt eine Religion brauchen, um sich zu verpflichten, »die an sich guten Handlungen zu vollbringen und die an sich bösen zu unterlassen«. Wolff, a.a.O., S. XXXV.
22 Friemuth, a.a.O., S. 49–54.
23 Spengler, a.a.O., S. 440 f.
24 Vgl. hierzu: Stiftung Mercator, a.a.O., S. 82 f.
25 Huntington, a.a.O., S. 65–67.

KAPITEL 6

Vom Austausch zum interkulturellen Dialog

Lernen ist ein Sozialverhalten. Voneinander zu lernen ist ein Sozialverhalten im Kontext von zwei oder mehreren Akteuren, das in erster Linie dazu dient, Missverständnisse zu reduzieren und Vertrauen zu schaffen. Nach der modernen sozialen Lerntheorie *(Social Learning Theory)* ist jedes Sozialverhalten ein gelerntes Verhalten. Dieses Verständnis steht im Gegensatz zur Herangehensweise klassischer Schulen der Psychologie, die Verhaltensmuster der Menschen aus ihren inneren und natürlichen Instinkten beziehungsweise Trieben abzuleiten. Die Frage nach der Lernfähigkeit der Menschen, die bei der sozialen Lerntheorie eine zentrale Rolle spielt, wird dabei gleichgesetzt mit der Frage nach der Fähigkeit des Menschen, sein Verhalten anhand der Reaktionen der sozialen Umwelt ständig zu kontrollieren und entsprechend zu adjustieren. Da jedes Sozialverhalten des Menschen durch die Interaktion und den Austausch mit anderen erlernbar ist, ist es stimulierbar, verstärkbar und kontrollierbar.[1]

Wenn wir dieser Theorie Glauben schenken, dürfte ein tief greifender Dialogprozess auf Augenhöhe für China und den Westen der beste Weg sein, voneinander zu lernen. Die Frage, ob nicht bereits ein interkultureller Dialog zwischen China und dem Westen im Gange sei, hängt wiederum von der Definition ab, denn ein echter Dialog muss gleich mehrere Kriterien erfüllen.

Ein echter Dialog ist, um mit Jochen Hippler zu sprechen, »eine von zwei oder mehreren [Gesprächspartnern] abwechselnd geführte Rede und Gegenrede, Zwiegespräch und Wechselrede«. Dabei spielt »die Absicht eines kommunikativen Austausches« eine maßgebliche Rolle, ohne die selbst wechselseitige Beziehungen noch keinen Dialog darstellen. Auch eine einseitige Kommunikation zwischen Gesprächspartnern mit Rangungleichheit kann nicht als Dialog betrachtet werden. »Ein von einem Zuhörer erduldeter Monolog«, so das Beispiel von Hippler, ergibt noch keinen Dialog. »Kommunikation ist nicht automatisch Dialog.«[2]

In der Tat gibt es zwischen China und dem Westen viel Kommunikation, aber wenig Dialog, insbesondere wenn es darum geht, tief greifende inhaltliche Gespräche auf interkultureller Ebene zu führen. Sicherlich ist es nicht zu übersehen, dass sich der wirtschaftliche Austausch zwischen China und dem Westen in den letzten 30 Jahren in einer atemberaubenden Geschwindigkeit intensiviert hat. Die Europäische Union ist beispielsweise durch diese Entwicklungen der wichtigste Handelspartner Chinas geworden, direkt vor den Vereinigten Staaten und Japan. In den ersten zehn Jahren des 21. Jahrhunderts war der wirtschaftliche Austausch zwischen China und den westlichen Ländern so lebendig, dass es sich ihre Volkswirtschaften heute nicht mehr leisten können, auf gegenseitige Belieferungen und Märkte zu verzichten.

Und auch auf der politischen Ebene intensivierte sich der Austausch. In Anbetracht der Regelmäßigkeit und Intensität der Begegnungen zwischen den chinesischen und westlichen Politikern lässt sich sogar von Institutionalisierung sprechen. Insbesondere das alle zwei Jahre abwechselnd in Asien und Europa stattfindende »Asia-Europe Meeting« (ASEM), das jährliche Gipfeltreffen zwischen der chinesischen Führung und der Führung der Europäischen Union, der jährlich stattfindende »strategische Dialog« zwischen China und den USA sowie die seit 2012 im Jahresrhythmus durchgeführten Regierungskonsultationen der Volksrepublik China und der Bundesrepublik Deutschland bieten ausreichende Möglichkeiten, sich über politische Fragen auszutauschen oder Dialoge zu führen.

Diese intensivierte Kommunikation zwischen China und dem Westen gilt auch für den Bereich des Kulturaustausches. Beispielsweise sind die USA, Kanada und Europa, insbesondere Westeuropa, für chinesische Studenten die beliebtesten Ziele für ein Auslandsstudium. Zigtausende von chinesischen Studenten strömen jährlich in die Universitäten der westlichen Staaten, um sich hier von westlichen Professorinnen und Professoren ausbilden zu lassen. Dass Studierende aus China die meisten

Plätze in den Quoten der amerikanischen Topuniversitäten für Ausländer ergattern, ist allgemein bekannt.

Kann man aber anhand dieses intensivierten Austausches sagen, dass ein interkultureller und geistiger Dialog zwischen China und dem Westen bereits stattgefunden hat? Wohl nicht. Denn bei diesen Entwicklungen handelt es sich im Wesentlichen nur um Handelsbeziehungen, politische Abstimmungen und akademischen Austausch. Ein tiefgreifender interkultureller Dialog im Sinne einer chinesisch-westlichen »Wechselrede« über Wertvorstellungen, Ordnungsprinzipien und Lebensphilosophien wird hierdurch zumindest nicht initiiert. Die Veranstaltungsreihe als Begleitprogramm der Ausstellung zur »Kunst der Aufklärung«, die unter der Federführung der Stiftung Mercator 2012 in Beijing durchgeführt wurde, stellt sich in diesem Kontext als Ausnahme dar.[3]

Wie lässt sich die Schwierigkeit eines Wertedialogs erklären? Hat dies mit der Konfliktträchtigkeit der Kulturen zu tun, wie es der amerikanische Politikwissenschaftler Samuel P. Huntington in seinem Buch »Kampf der Kulturen« beschrieben hat?[4]

Im Einklang mit Oswald Spenglers Einschätzung von der »moralische[n] Unüberbrückbarkeit der Kulturen« (»jede Kultur hat ihre eigene Mathematik«)[5] glaubte Huntington bekanntlich an einen *Clash of Civilizations* und sagte voraus, dass das Streben nach kultureller Identität und die Intensivierung des »Wir-Gefühls«, welches nicht mehr auf einer Ideologie, sondern auf regionalen und kulturellen Verbindungen beruht, die Kulturen gegeneinandertreiben wird. »Die gefährlichen Konflikte der

Zukunft«, so behauptet Huntington, »ergeben sich wahrscheinlich aus dem Zusammenwirken von westlicher Arroganz, islamischer Unduldsamkeit und chinesischem Auftrumpfen.«[6]

Es mag sein, dass die von den Chinesen wahrgenommene Arroganz der Westler und das von den Westlern umgekehrt empfundene Auftrumpfen der Chinesen die Entwicklung eines interkulturellen Dialogs erschwert haben und immer noch erschweren. Aber diese Sichtweise übersieht, dass das Ausbleiben eines inhaltlichen Dialogs über Prinzipien zwischen der chinesischen und der abendländischen Kultur ein strukturelles Problem ist. Nicht die Mentalität im Sinne von Arroganz und Auftrumpfen, sondern die fundamentalen Unterschiede zwischen den chinesischen und westlichen Grundbedingungen sind maßgeblich dafür verantwortlich, dass China und der Westen bislang nicht in der Lage sind, eine gemeinsame Basis für einen fruchtbaren interkulturellen und geistigen Dialog zu finden.

Insbesondere wirken die unterschiedlichen Herrschaftssysteme hemmend auf den interkulturellen und geistigen Dialog. Während in den westlichen Ländern demokratische Verfassungshomogenität herrscht, besteht in China nach wie vor eine autoritäre Herrschaft, deren Maßstab zur Bestimmung von Gut und Böse sich fundamental von dem des Westens unterscheidet. Dieses Regime ist gekennzeichnet durch die willkürliche Einschränkung politischer Freiheiten und durch begrenzten Pluralismus in der Gesellschaft. Auch wenn sich China und die westlichen Nationen nicht feindlich ge-

genüberstehen, kommen von der herrschaftspolitischen Ebene doch keine aktiven Impulse oder Schubkräfte für einen interkulturellen Dialog. Die politische Motivation zu einem solchen Unterfangen fehlt nach wie vor. Daher brauchen wir neben den politischen viele andere Dialoge, die in drei Bereichen durchgeführt werden könnten: in der Philosophie, zwischen den Religionen und auf den Ebenen der Gesellschaften mit unterschiedlichen Entwicklungsniveaus.

Die Impulse zu einem interkulturellen und geistigen Dialog zwischen China und dem Westen müssen nicht unbedingt von der politischen oder staatsmännischen Ebene kommen. Auf philosophischer Ebene kann ein solcher Dialog ohne politische Flankierung gestartet werden. Ein philosophischer Dialog könnte sich sogar als die beste Möglichkeit erweisen, das von Huntington befürchtete Konfliktpotenzial zwischen der westlichen Arroganz und dem chinesischen Auftrumpfen abzubauen und die von Spengler prognostizierte Unüberbrückbarkeit der moralischen Maßstäbe der Kulturen doch zu beseitigen.

Denn diese potenziellen Bruchlinienkonflikte sind zwar gefährlich, aber nicht unbedingt unvermeidbar. Arroganz, Unduldsamkeit und Auftrumpfen gehören zum menschlichen Verhalten, das formbar, korrigierbar und veränderbar ist. Insbesondere durch Austausch, Dialog und Begegnung können Vorurteile und Missverständnisse abgebaut werden, die Arroganz, Intoleranz und Selbstverherrlichung erzeugen. Mit anderen Worten: Kulturell bedingte Reibungen führen nicht unbedingt zur Entstehung blutiger Trennungslinien und zum Kampf der Kulturen. Ob es zum heftigsten Zusammenprall zwischen muslimischen, asiatischen und westlichen Gesellschaften kommen wird oder nicht, kann daher nicht ohne Weiteres prognostiziert werden. Es kommt darauf an, auf welche Art und Weise westlicher, islamischer und konfuzianischer Kulturkreis miteinander umgehen. Wenn sie sich von vornherein gegenseitig als Feinde betrachten, werden sie garantiert auch Feinde werden. Damit wäre Huntingtons Erwartung erfüllt.

Es gibt jedoch noch eine andere Möglichkeit, wie die Kulturen ihre Beziehungen miteinander gestalten können: indem sie beispielsweise auch ihre Ängste und Befürchtungen, ihre Enttäuschungen und Erwartungen austauschen und diskutieren. Auf diese Weise können Feindbilder abgebaut, Missverständnisse beseitigt und Abneigungen reduziert werden. Statt den »Kampf der Kulturen« zu prognostizieren, sollte daher – im Rahmen ernsthafter Bemühungen – ein »Dialog der Kulturen« erwartet werden. Ein philosophischer Dialog könnte einen solchen ernsthaften Austausch einleiten und kontinuierlich begleiten.

Dieser Ansatz beruht auf der Annahme, dass die westlichen, asiatischen und islamischen Philosophien die Ordnungs-, Gesellschafts- und Wirtschaftsvorstellungen der Menschen in den jeweiligen Kulturkreisen entscheidend geprägt haben und eine Entdeckung der Kompatibilität philosophischer Ideen aus verschiedenen Kulturkreisen die Annäherung auf politischer Ebene fördern könnte. Wenn es zutrifft, dass es Menschen leichter fällt, philosophische Ideen aus dem eigenen Kulturkreis zu akzeptieren und in die Praxis umzusetzen als Vorstellungen aus fremden Kulturkreisen, so lohnt sich der Versuch, fremde Ideen auf ihre Vereinbarkeit mit denen der eigenen philosophischen Tradition zu prüfen. In der Tat führte die Entdeckung der Kompatibilität der konfuzianischen Philosophie mit der Idee der Demokratie dazu, dass viele Asiaten die Idee der Volksherrschaft heute nicht mehr als eine ausschließlich westliche betrachten. Diese philosophische Entdeckung hat es ihnen nicht nur erleichtert, den Grundgedanken des demokratischen Systems zu akzeptieren, sondern sie auch befähigt, selbstbewusster von einer eigenen demokratischen Tradition zu sprechen.

Aus der Sicht des ehemaligen Präsidenten Südkoreas, Kim Dae-jung, verfügt Asien über ein reiches Erbe an demokratisch orientierten Philosophien. Ihm zufolge ist die konfuzianische Demokratievorstellung viel früher als John Lockes liberale Staatsphilosophie entstanden. In diesem Sinne spricht er von asiatischer Demokratievorstellung »long before Locke«. Auch Mengzi, Konfuzius' unmittelbarer geistiger Nachfolger, sprach dem Volk das Recht zu, gegen einen Tyrannen zu rebellieren. Hierin sieht der koreanische Friedensnobelpreisträger von 2000 einen eindeutigen Beweis für die asiatische Originalität der Vorstellung von einem demokratischen Regierungssystem. Für ihn hat es fundamentale Ideen und Traditionen, die für eine lebendige Demokratie notwendig sind, sowohl in Europa als auch in Asien gegeben. »Obwohl die Asiaten diese Ideen schon viel früher als die Europäer entwickelten«, so stellte Kim fest, »haben die Europäer die institutionalisierte Wahldemokratie erfunden und effektiv praktiziert.« Die Erfindung des demokratischen Wahlsystems sei die größte Errungenschaft Europas.[7]

Der Effekt der Entdeckung der philosophischen Kompatibilität auf die kulturellen Grenzen, auf denen die Idee eines Kampfes der Kulturen beruht, lässt sich unter zwei Aspekten deuten: Zum einen kann die philosophische Entdeckung dem Westen die Augen öffnen. Wenn Arroganz in der Regel auf Unkenntnis von anderem beruht, so kann die Erkenntnis, dass viele wunderbare Ideen nicht ausschließlich eine europäische Herkunft besitzen, die von Huntington diagnostizierte »Arroganz des Westens« mildern und somit zur Abschwächung eines möglichen »Kampfs der Kulturen« beitragen. Zum anderen kann die philosophische Entdeckung die Angst der Menschen nicht westlicher Kulturkreise vor Fremdbestimmung abbauen. Wenn sie beispielsweise beim Aufbau eines liberalen Regierungssystems das Gefühl haben, dass es sich dabei nicht um eine Zwangskopie eines Fremdmodells, sondern um eine Erneuerung der eigenen Tradition handelt, werden sie eher bereit sein, sich mit anderen Kulturkreisen einschließlich der westlichen Staaten auszutauschen. Dass dadurch das Konfliktpotenzial zwischen den Kulturen abgebaut werden kann, liegt nahe.

Der theologische Ansatz beruht auf der Annahme, dass die großen Weltregionen, Christentum, Hinduismus, Buddhismus, Islam und Judentum, die Menschheit tief gespalten haben und der »Kampf der Kulturen« nur durch einen aufrichtigen Dialog erfolgreich abgewehrt werden kann. In der Tat kennen wir eine Reihe von Vorreitern, die sich um die Versöhnung zwischen den Menschen verschiedener Kulturkreise mit unterschiedlichem religiösen Hintergrund bemüht haben: Martin Luther King, Papst Johannes XXIII., Dorothy Day und Desmond Tutu. Auch die Reise von Papst Johannes Paul II. nach Nahost im März 2000 stellte ein mutiges Unterfangen dar, die Kinder Abrahams, Christen, Juden und Moslems, zu versöhnen. Als der Papst das »Heilige Land« besuchte und die Nichtchristen um Verzeihung bat für die von der römisch-katholischen Kirche in der Geschichte verübten Übel, sprach die Weltöffentlichkeit von Versöhnungsbemühungen »ohne Präzedenzfall«.[8]

Um das gegenseitige Verständnis zwischen Christen und Buddhisten bemüht, verweist auch der Dalai Lama auf die Gemeinsamkeiten zwischen Christentum und Buddhismus. In einer Reihe zentraler Kategorien stellt er enge Verbindungen fest. So sieht er eine große Ähnlichkeit zwischen dem göttlichen Gedanken über die innere Logik von menschlichen Handlungen, die letztendlich von der Welt beurteilt werden, und dem buddhistischen Konzept von *Karma*. Dieses Konzept postuliert eine unweigerliche kausale Folge einer jeden physischen und geistigen Handlung des Menschen, die sich entweder im aktuellen Leben oder nach der Wiedergeburt offenbart. In der Betonung dieser konsequenten Rückwirkungen der Handlungen des Menschen auf sich selbst sieht das tibetisch-buddhistische Oberhaupt eine spirituelle Verbindung zwischen dem Christentum und dem Buddhismus, wenn es darum geht, die Gesetzmäßigkeit im Kreislauf der Handlungen und deren Folgen anzuerkennen, ohne diese als »göttliche Gnade« oder »Strafe« zu kategorisieren.[9]

Selbst Huntington, der im Hinblick auf die Frage nach der Dialogfähigkeit der Kulturen im Grunde genommen eine pessimistische Position einnimmt, gibt zu, dass den verschiedenen Weltreligionen »doch gewisse zentrale Werte gemeinsam« sind. Auch wenn es seiner zentralen These vom »Kampf der Kulturen« widerspricht, plädiert er doch für die Einführung des »Prinzips der Gemeinsamkeiten« und damit »für den Frieden in einer multikulturellen Welt«: »Menschen in allen Kulturen«, so Huntington, »sollten nach Werten, Institutionen und Praktiken suchen und jene auszuweiten trachten, die sie mit Menschen anderer Kulturen gemeinsam haben.« Und weiter: »Dieses Bemühen würde dazu beitragen, nicht nur den Kampf der Kulturen zu begrenzen, sondern auch Zivilisation im Singular, das heißt Zivilisiertheit zu stärken.«[10]

Wie der Dalai Lama feststellt, weisen die genannten Weltreligionen in der Tat großes Potenzial auf, Menschen verschiedener Kulturen zusammenzuführen. Dass sich fast 30 Prozent der Bevölkerung Südkoreas (eines Landes, das durchaus eine konfuzianische Tradition besitzt und niemals unter einer kolonialen Herrschaft durch westliche Mächte stand, von der japanischen Kolonieherrschaft von 1910 bis 1945 abgesehen) zum Christentum bekehrt haben, stellt dieses Potenzial unter Beweis. Dialog auf der religiösen Ebene sollte zwar nicht zur gegenseitigen Bekehrung der Weltreligionen instrumentalisiert werden. Aber wenn Versöhnung und Verständigung zwischen den Weltreligionen Entwicklungen herbeiführen können, die zur Entgrenzung der Kulturen beitragen, sollte diese Chance genutzt werden, um das Konfliktpotenzial auf einer grundlegenden Ebene abzubauen.

Allerdings stößt der theologische Ansatz innerhalb eines interkulturellen Dialogs zwischen China und dem Westen an seine Grenzen, weil der chinesischen und der westlichen Kultur recht verschiedene Kulturmuster zugrunde liegen. Die europäisch-abendländischen Grundwerte und -normen sind grundsätzlich christlich geprägt. Bei der europäischen Philosophie und Religion geht es im Wesentlichen darum, Glaubensinhalte für wahr zu halten. Daraus werden Zivilisationsleitbilder abgeleitet. Was transzendent und jenseitig angelegt ist, ist per se heilig und unantastbar.

Hingegen gibt es in China keine einheitliche Religion. Die spirituelle Welt der Menschen ist meistens mit konfuzianischen Grundwerten und Tugenden gefüllt. Im Gegensatz zur christlichen Wertprägung werden die chinesischen Grundwerte und -normen nicht von transzendenten oder jenseitigen Wahrheiten abgeleitet. Vielmehr ist das philosophische Denken der Chinesen, insbesondere der Konfuzianismus und der Taoismus (zwei Denkrichtungen, die im Gegensatz zu dem aus Indien importierten Buddhismus auf chinesischem Boden entstanden sind) sehr stark auf das Diesseits ausgerichtet. Es geht nicht darum, was das Heilige ist, sondern um

Handlungsregeln, die den Menschen als Orientierung im alltäglichen Leben dienen sollen. Beispielsweise war das konfuzianische Denken nicht nur von Anfang an areligiös, sondern es hat seinen atheistischen Charakter bis heute bewahrt – trotz intensiver Berührungen mit verschiedenen religiösen Strömungen während der vergangenen Jahrtausende.[11]

Im Hinblick auf die Verschiedenheit der europäischen und der chinesischen Kulturmuster (hier eine Jenseits-, dort eine Diesseitskultur) ist zu erwarten, dass die Schwierigkeiten für einen interkulturellen Dialog noch größer werden, wenn es darum geht, überhaupt eine gemeinsame Sprache (nicht nur im linguistischen Sinne) zu finden. Denn jenseitig und diesseitig ausgerichtete Werte und Normen bedienen sich recht unterschiedlicher Symboliken als Vermittlungsinstrumente, die völlig unterschiedliche Bedeutungen und Anspielungen implizieren können.

Hinzu kommen neben der problematischen Spannung zwischen Jenseits- und Diesseitskultur noch all jene Verschiedenheiten, die man auch in der realen politischen Kultur Chinas und des Westens unschwer erkennen kann: Das westliche Demokratiemodell lebt im Grunde von einer »Streitkultur«, in der Parteien und Interessengruppen, aber auch Generationen ihre eigenen Positionen in öffentlichen »Auseinandersetzungen« durchzusetzen versuchen. Hingegen ist in China die ideelle Vorstellung von politischer Ordnung überwiegend durch eine Konsenskultur geprägt. »Vom traditionellen politischen Denken Chinas her gesehen«, so Pohl pointiert, »ist das höchste Ziel eine gesamtgesellschaftliche Harmonie und Stabilität. Diese Priorität ergibt sich nicht zuletzt daraus, dass chinesische Gesellschaftsvorstellungen vom Modell der Familie ausgehen. Wie für die Familie wird auch für die Gesellschaft Streit als etwas grundsätzlich Schädliches angesehen, welcher beider Zusammenhalt gefährdet.«[12]

Außerdem setzte sich spätestens in den 1970er-Jahren in Westeuropa das Ideal der Gleichheit als ein Protestideal durch. Wie der italienisch-amerikanische Politologe Giovanni Sartori angemerkt hat, »symbolisiert und aktiviert die Gleichheit den menschlichen Protest gegen Schicksal und Unfall, gegen zufällige Verschiedenheit, verfestigtes Privileg und ungerechte Macht«[13]. Gleichheit ist in diesem Sinne eine Leitidee für das gesellschaftliche Zusammenleben im Westen geworden. Hingegen gibt es in China eine »Statuskultur«[14], in der nicht die Idee der Gleichheit, sondern die Idee der Autorität eine große Rolle spielt. Status und Rangungleichheit werden im Reich der Mitte als notwendig akzeptiert, und Autorität wird respektiert. Dabei haben die Chinesen im Vergleich zu den Westlern ein relativ positives Verständnis von Autorität: Sie ist ein Ausdruck positiver Qualitäten im Sinne von Erfahrung, Reife, Güte, Verantwortung und Vorbild, die nicht als Unterdrückung, sondern als erstrebenswert wahrgenommen wird.[15]

Ein weiterer Aspekt, der die Begrenzung des theologischen Ansatzes deutlich macht, ist der Gegensatz zwischen dem europäischen kulturellen Universalismus und dem chinesischen kulturellen Relativismus.[16]

Aus Sicht der Europäer und der Nordamerikaner sind beispielsweise Menschenrechte universal gültig, weil es sich dabei um individuelle, vorstaatliche und unveräußerliche Rechte eines jeden Menschen handelt. China stellt die universale Gültigkeit der Menschrechte zwar nicht infrage, macht ihre Realisierung jedoch von kulturellen, gesellschaftlichen und ökonomischen Bedingungen abhängig. Zudem wird darauf hingewiesen, dass es nicht nur Menschenrechte, sondern auch Kollektivrechte gebe. Da Kollektivrechte die Rahmenbedingungen für die tatsächliche Einhaltung der Rechte Einzelner schüfen, hätten sie in diesem Sinne Vorrang vor den Menschenrechten.

Blendet man die Details der Debatte zwischen Universalismus und Relativismus aus und konzentriert den Blick auf die Ansprüche der beiden Seiten, fällt erneut der Gegensatz zwischen einer jenseitig vorgeprägten Kultur und einer diesseitig ausgerichteten Kultur auf: Der universalistische Absolutheitsanspruch erinnert an den Missionsgeist und an die belehrende Haltung, die offensichtlich im christlichen Ursprung der europäischen Kultur begründet ist. Hingegen wird die Diesseitsprägung des chinesischen Relativismus deutlich, wenn er mit realen Bedingungen seine Position begründet. Hierin offenbart sich die schwierige Ausgangssituation, vor deren Hintergrund ein interkultureller Dialog zwischen einer religiös beeinflussten und einer irreligiösen Kultur stattfindet.

Eine Annäherung zwischen ihnen kann nur erwartet werden, wenn vor einem inhaltlichen Dialog bereits von beiden Seiten Vorleistungen erbracht werden: von China mehr Respekt und Verständnis für die Jenseitsanlehnung der westlichen Positionen; vom Westen ein weniger missionarischer Ton und belehrendes Verhalten. In der Tat sind solche Vorbereitungen zumindest in der Bundesrepublik Deutschland bereits im Gange, wenn sich Pohl und Weggel offensichtlich unabhängig voneinander für ein »Ende des Missionszeitalters« einsetzen und von den Europäern mehr Mut und größere Bereitschaft zu lernen verlangen.[17]

Der sozialökonomische Ansatz beruht auf der Annahme, dass es sich beim »Kampf der Kulturen« gemeinhin um einen Kampf von Gesellschaften auf unterschiedlichen Entwicklungsstufen handelt und die Konfliktträchtigkeit der Kulturen sich tendenziell reduziert, wenn ihre sozialökonomischen Entwicklungsniveaus sich allmählich aneinander angleichen. Diese Annahme impliziert die These, dass der »Kampf der Kulturen« vom Wesen her nichts anderes darstellt als einen Kampf zwischen traditionellen und modernen Gesellschaften. Je mehr sich die asiatischen und islamischen Gesellschaften modernisieren, das heißt sozialökonomisch an das Niveau der westeuropäischen und nordamerikanischen Gesellschaften angleichen, desto harmonischer werden die westlichen, asiatischen und islamischen Kulturkreise miteinander umgehen.

Diesen Aspekt hat der Sozialwissenschaftler Dieter Senghaas in seiner Kritik an den sogenannten asiatischen Werten (Respekt vor Autorität, Vorrang der Gesellschaft gegenüber dem Individuum, Einheitserhaltung, Konsensherstellung und Harmoniebewahrung) deutlich zum Ausdruck gebracht. Diese seien, so Senghaas, »identisch mit den europäischen Werten von gestern«. Auf der Grundlage der Beobachtung einer Übereinstimmung der »asiatischen Werte« mit den »islamischen Werten« und den »sozialistischen Werten« stellt Senghaas fest, dass »jede traditionelle Gesellschaft, ungeachtet des Kulturkreises, auf solchen Werten aufgebaut [ist]«. In diesem Sinne empfiehlt er, »asiatische Werte« »nicht ganz wörtlich zu nehmen«. »Im originären Kerngehalt handelt es sich um eine Variante von Werthaltungen, die jeder traditionellen Gesellschaft zu Eigen sind.« Statt von asiatischen Werten könne man auch von »lombardischen, anatolischen, schwäbischen Werten« und so fort oder eben einfach von traditionellen Werten sprechen.[18]

Der Ansatz, den Streit über Werte nicht als Kampf der Kulturen, sondern als Konflikt zwischen traditionellen und modernen Gesellschaften zu verstehen, bietet einen methodischen Vorteil, um das Wesen der Trennlinien zwischen Kulturen noch genauer zu erkennen. Er impliziert, dass es zwischen den Kulturen keine unüberbrückbaren Abgründe gibt, weil sich Kulturen einschließlich ihrer Wertvorstellungen im Rahmen gesellschaftlicher und ökonomischer Modernisierungsprozesse wandeln können. Nimmt man diese Prozesse in Europa und in Nordamerika als Bezugspunkt, so kann man mit Senghaas folgern, es scheine »nur« eine Frage der Zeit zu sein, »ehe Demokratie und Menschenrechte, insbesondere der institutionell gesicherte Schutz individueller Grundrechte, zu einem selbstverständlichen Inhalt ostasiatischer politischer Kultur geworden sein werden«[19].

In der Tat kann der sozialökonomische Ansatz uns ermutigen, bei der Gestaltung des Kulturdialogs Ungeduld zu vermeiden. Verständnis für eine sich modernisierende Gesellschaft erscheint weit angebrachter. Nach Senghaas kann der Westen »mit großer Gelassenheit in den Fernen Osten blicken. Entwicklungserfolge schaffen unausweichliche Zugzwänge.«[20] Auch der amerikanische Politikwissenschaftler Francis Fukuyama scheint an die interkulturell harmonisierend wirkende Kraft der ökonomischen und technologischen Modernisierung zu glauben. Er weist darauf hin, dass in der Vergangenheit viele Gesellschaften technologischen Veränderungen unterworfen waren, in denen bestehende moralische Arrangements aufbrachen. Beispielsweise hat es der Westen geschafft, »zu Beginn des 20. Jahrhunderts neue Normen und Einrichtungen zu schaffen«[21], nachdem er in der ersten Hälfte des 19. Jahrhunderts im Zuge seiner Umwandlung von einer Agrar- zu einer Industriegesellschaft eine gewaltige Erschütterung seiner Werte erlebt hatte. Das Gleiche soll nach Fukuyama auch für Asien gelten, welches sich jetzt mit einer starken Erschütterung seiner traditionellen Werte konfrontiert sieht. In der Globalisierung, die er als ökonomische und institutionelle »Angleichung« auf globaler Ebene definiert, sieht Fukuyama eine demokratiefördernde Entwicklung, die auch die asiatischen Gesellschaften gründlich verändern wird. Nach der Asienkrise werde »das asiatische Modell nicht mehr ernst genommen« und das neue Millennium von Demokratie und Marktwirtschaft geprägt sein, die nach wie vor der »einzige gangbare Weg« seien.[22]

Allerdings können alle oben angeführten Vorteile des sozialökonomischen Ansatzes eine seiner entscheidenden Schwächen nicht verbergen: die Unterstellung eines Automatismus zwischen wirtschaftlicher Modernisierung und kultureller Erneuerung. Außerdem kann dieser Ansatz als Alibi für Unlust oder Unfähigkeit zu einem ernsten und seriösen Dialog über Wertvorstellungen mit Entwicklungsländern aus nicht westlichen Kulturkreisen missbraucht werden. In der Tat besteht die Gefahr, dass man aus Desinteresse oder Unfähigkeit auf einen interkulturellen Dialog mit asiatischen Ländern verzichten will, mit der Begründung, alle kulturellen Bruchlinien und Probleme ließen sich von allein überwinden beziehungsweise lösen, wenn diese Länder nur endlich ihre Wirtschaft und ihre Gesellschaft modernisierten. Es ist unschwer zu erkennen, dass diesem positiven Fatalismus das alte Denken des Eurozentrismus zugrunde liegt. Ein solcher Ansatz würde den interkulturellen Dialog zwischen China und dem Westen begraben, noch ehe er richtig begonnen hat.

Anmerkungen

1 Vgl. hierzu: Bandura, Albert: *Aggression*. A Social Learning Analysis, Englewood Cliffs: New Jersey 1973; Anderson, Craig A./Bushman, Brad J.: Human Aggression, in: *Annual Review of Psychology*, 53 2002, S. 27–51.
2 Hippler, Jochen: Anmerkungen zu einem interkulturellen Dialog zwischen dem Westen und dem Nahen und Mittleren

Osten, in: http://www.jochenhippler.de/html/anmerkungen_zu_einem_interkulturellen_dialog.html (Stand: 22.10.03), zuletzt aufgerufen am 17.10.13.
3 Zu den Diskussionsergebnissen dieser Veranstaltungsreihe vgl.: Stiftung Mercator, a.a.O.
4 Huntington, a.a.O.
5 Spengler, a.a.O., S. 79 ff.; S. 440 f.
6 Huntington, a.a.O., S. 291.
7 Dae-jong, Kim: Is Culture Destiny? The Myth of Asia's Anti-Democratic Values, in: *Foreign Affairs*, 73 (6) 1994, S. 189–194, S. 192.
8 Vgl. hierzu: Marty, Martin: The Long Road to Reconciliation, in: *Newsweek*, 13/2000, S. 82.
9 Dalai Lama: The Karma of the Gospel, in: *Newsweek*, 13/2000, S. 76.
10 Huntington, a.a.O., S. 528.
11 Zur Irreligiosität des Denkens von Konfuzius vgl. Gu, a.a.O. 2008, S. 38 ff.
12 Pohl, Karl-Heinz: Zwischen Universalismus und Relativismus. Menschenrechte und interkultureller Dialog mit China, in: *Occasional Paper Nr. 5 der Arbeitsgemeinschaft Menschenrechte*, Universität Trier, 2002, S. 15.
13 Sartori, a.a.O., S. 326.
14 Dieser Begriff wird von Pohl übernommen.
15 Vgl. hierzu Pohl, a.a.O., S. 16.
16 Zur Debatte zwischen Universalismus und Relativismus vgl. Pohl, a.a.O.; Kühnhardt, Ludger: *Die Universalität der Menschenrechte*, Bundeszentrale für Politische Bildung: Bonn 1987.
17 Pohl, a.a.O., S. 26; Weggel, Oskar: Gefahr oder Chance? Die Begegnung mit Asien, in: Gu, Xuewu (Hrsg.): *Europa und Asien. Chancen für einen interkulturellen Dialog?* ZEI: Bonn 2000, S. 27–56.
18 Senghaas, Dieter: Über asiatische und andere Werte, in: *Leviathan*, 1 1995, S. 5–13, S. 11.
19 Ebd., S. 9.
20 Ebd., S. 9.
21 Fukuyama, Francis: Ich oder die Gemeinschaft, in: *DIE ZEIT*, 11. November 1999.
22 Fukuyama, ebd.

KAPITEL 7

Von der Finalität des Voneinanderlernens

Wenn es zutrifft, dass China und der Westen im 21. Jahrhundert trotz alledem zum gegenseitigen Lernen gezwungen sind, um den gewaltigen Herausforderungen der Globalisierung zu begegnen und dadurch ein dauerhaftes Zusammenleben zu ermöglichen, dann sollten sie mit der Definition der Lernfinalität dort anfangen, wovon sie am meisten entfernt sind: nämlich bei der Überwindung des Gegensatzes zwischen dem Primat des Individuums und dem Primat des Kollektivs. Das Resultat eines Lernprozesses sollte es sein, eine Balance herzustellen, die das Beibehalten eigener Wertvorstellungen erlaubt.

Lassen sich aber diese gegensätzlichen Vorstellungen beziehungsweise geistigen Trennlinien zwischen den beiden Gesellschaftsmodellen und Lebensformen wirklich harmonisieren? Können China und der Westen vor diesem antagonistischen Hintergrund wirklich voneinander lernen? Roman Herzog vertritt in Bezug auf diese Fragen eine relativ optimistische Auffassung. Er beruft sich auf die »richtige Mitte«, die sowohl von Aristoteles als auch von Konfuzius vertreten wird. »Aus meinen eigenen beruflichen Erfahrungen«, so Herzog empirisch wie philosophisch, »kann ich unseren beiden Kulturen nur wünschen, dass sie sich – bei allen Unterschiedlichkeiten ihrer Lebensformen – auf die Mitte dieser Balance zubewegen. Aristoteles und Konfuzius selbst würden uns das, wenn sie heute lebten, nachdrücklich raten. Denn beide waren Verfechter der ›richtigen Mitte‹ bei der Lösung menschlicher und politischer Probleme.«[1]

In der Tat ist es nicht auszuschließen, dass eine »richtige Mitte« zwischen dem Primat des Individuums und dem Primat des Kollektivs gefunden werden kann, wenn beide Seiten gleichzeitig nach Annäherung streben. Dabei muss man bei der Annäherung an die andere Seite nicht unbedingt fürchten, seinen eigenen Grundsatz zu verraten. Bereits vor mehr als 2000 Jahren hat Konfuzius einen Weg aufgezeigt, wie man die »goldene Mitte« finden kann, um einerseits prinzipientreu zu bleiben und sich andererseits flexibel bewegen zu können.

Sein Konzept heißt *zhong yong*, ins Deutsche übersetzt: »Einhaltung der Mitte unter dem Vorbehalt der Nichtänderung des Grundsatzes.« Es fällt auf, dass Konfuzius diese beiden Elemente – *zhong* (Mitte) und *yong* (Grundsatz) – dialektisch auf eine Weise miteinander verbunden hat, die die Gefahr der Prinzipienlosigkeit bei der Bemühung um die Mitte bannt. Während *zhong* dafür sorgt, dass das Streben nach der Verwirklichung einer Tugend nicht ins Extrem führt, sichert *yong* den Wesenskern der Tugenden, wenn diese um der Mitte willen ausgeglichen werden müssen.[2]

Demnach muss China im Zuge einer Annäherung an die westliche Menschenrechtsidee keine Erosion seiner Menschenpflichtenidee befürchten. Im Gegenteil: Mehr Respekt gegenüber dem Menschenleben und der Menschenwürde kann mehr Rechtssicherheit herbeiführen und die Menschen selbst zur Kultivierung ihres Verantwortungsbewusstseins gegenüber der Gesellschaft ermutigen. Ein solches individuelles Verantwortungsbewusstsein wiederum könnte in einer Stärkung der wirtschaftlichen Entwicklung und der staatlichen Ordnung resultieren.

Wie der Bonner Soziologe Erich Weede in seiner vergleichenden Studie »Asien und der Westen« überzeugend nachgewiesen hat, gelang es den verschiedenen Zivilisationen im Westen nur deswegen, die Massenarmut zu überwinden, weil hier ein größerer Respekt gegenüber den Rechten der Untertanen herrschte. Gesicherte Eigentums- und Verfügungsrechte von Händlern und Produzenten, so Weedes Kernbefund, führten zu einer raschen wirtschaftlichen Entwicklung.[3]

Es ist richtig, dass China bislang ohne Übernahme des westlichen Staatsmodells im Sinne einer liberalen Demokratie seine Wirtschaft erfolgreich entwickelt hat: Die atemberaubende Entwicklungsgeschwindigkeit seit 1978, die billionenschweren Überschüsse des chinesischen Außenhandels, die weltweit größten Devisenreserven der chinesischen Zentralbank sowie das schnelle Vorrücken der chinesischen Unternehmen an die Weltspitze – alles deutet darauf hin, dass China sich auf einem guten Weg befindet. Ob diese Errungenschaften langfristig bestehen können, ist jedoch noch nicht abgesichert. Der Wirtschaftserfolg scheint noch einer rechtlichen und politischen Grundierung zu bedürfen. Mehr Rechtssicherheit und weniger Regierungswillkür würden dem Boom und der Stabilität Chinas noch mehr Nachhaltigkeit verleihen.

Für den Westen scheint die Zeit gekommen zu sein, den Blick nach Osten zu richten. Dabei muss man nicht fürchten, dass der Kern der Menschenrechtsidee durch Ergänzung der Konzepte von Selbstverantwortung und Selbstverpflichtung verwässert werden könnte. Vielmehr geht es bei diesem Annäherungsprozess darum, einige in Europa verlorene Tugenden wiederzubeleben. Mit anderen Worten: Das Lernen vom Pflichtbewusstsein der Chinesen könnte dem Westen helfen, sein Anspruchsdenken zu relativieren.

In diesem Sinne spricht Urs Schoettli von der »asiatische[n] Herausforderung als Chance zur Erneuerung [Europas]«. »Man muss anerkennen«, so Schoettli, »dass die Europäer seit dem Abschluss des Wiederaufbaus nach dem Zweiten Weltkrieg einer eigentlichen Anspruchsmanie erlegen sind. Über allem und jedem steht die Idee von der so genannten Selbstverwirklichung.«[4]

Von »Selbstverwirklichung« spricht auch Konfuzius, denkt dabei jedoch an etwas anderes. Selbstverwirklichung bedeutet für ihn Selbstkultivierung. Diese Kultivierung als Aufgabe eines jeden umfasst dabei zwei grundlegende Aspekte: die moralische Vollkommenheit im Inneren und die gesellschaftliche Wirkung nach außen. Ein jeder, der sich selbst verwirklichen möchte, muss also unaufhörlich auf sein soziales Umfeld, seinen Staat, ja sogar auf die Welt unter dem Himmel *(tianxia)* einwirken.

Die konfuzianische Selbstverwirklichung dient also nicht dazu, nur die eigenen Bedürfnisse zu befriedigen. Vielmehr handelt es sich um einen Prozess, in dessen Verlauf der Mensch zu einer moralisch integren und innerlich starken Persönlichkeit mit sozialem und politischem Verantwortungsbewusstsein »trainiert« werden soll. Eine inhaltliche Ergänzung der westlichen »Selbstverwirklichung« durch die konfuzianische könnte einen sinnvollen Beitrag zur Eindämmung der von Schoettli diagnostizierten »Anspruchsmanie« im Westen leisten.

In diesem Sinne, aber auch darüber hinaus, spricht der Sinologe Karl-Heinz Pohl zu Recht von der Notwendigkeit »der Suche nach Gemeinsamkeiten« zwischen dem chinesischen und dem westlichen Gedankengut. Er weist darauf hin, dass es in der chinesischen Geistesgeschichte zahlreiche Entsprechungen zu abendländischen Vorstellungen gibt, auf deren Grundlage man sich zum Beispiel auch in der Menschenrechtsfrage annähern könnte. Ihm zufolge zählen dazu vor allem die sogenannte konfuzianische Version der »Goldenen Regel«, das Konzept der moralischen Autonomie, aber auch Mengzis Idee von einer in der menschlichen Natur angelegten Güte und eines entsprechenden Wertes des Menschen an sich. Pohl geht sogar noch weiter, indem er das Konzept von Mengzi mit dem abendländischen Konzept des Naturrechts gleichsetzt.[5]

Bei der Suche nach Gemeinsamkeiten zwischen den chinesischen und den abendländischen Wertvorstellungen muss allerdings beachtet werden, dass bei allen Entsprechungen oder Ähnlichkeiten zwischen chinesischen und westlichen Ideen ihre kulturellen Kontexte und damit ihre inhaltlichen Substanzen unterschiedlich sein können. Beispielsweise bezieht sich die konfuzianische »Goldene Regel« auf den innerlichen und moralischen Frieden des nach ihr Handelnden. In der abendländischen »Goldenen Regel« hingegen steht die Ausübung von Nächstenliebe im Vordergrund.[6] Dass sich dadurch unterschiedliche Auswirkungen auf das Verhalten und die Orientierung der Menschen in der Gesellschaft ergeben können, versteht sich von selbst.

Der Westen scheint einige Hausaufgaben erledigen zu müssen, bevor er sich selbst darüber klar werden kann, ob er wirklich bereit ist, »in die Mitte« zu rücken und zwischen dem Primat des Individuums und dem Primat des Kollektivs zu balancieren. Vor allem muss sich der Mainstream der westlichen Gesellschaften einschließlich der Mehrheiten der Meinungsführer, der wirtschaftlichen Führungsschicht und der politischen Entscheidungsträger fragen, ob sie bereit sind, sich vom Eurozentrismus zu verabschieden. Der Westen braucht offenbar eine geistige Emanzipation vom Eurozentrismus, um sich mental wie intellektuell systematisch auf einen gleichberechtigten Dialog mit China und anderen nicht westlichen Gesellschaften vorzubereiten.

Es gibt aber im Westen des 21. Jahrhunderts nur wenige Denkrichtungen, die dem zuträglich erscheinen. Und es scheint, als hätten nur die kritisch denkenden sogenannten Neomarxisten, die in den westlichen Gesellschaften allerdings eindeutig in der Minderheit sind, verstanden, dass es höchste Zeit ist, das eurozentrische Denken aufzugeben, sollen die marxistischen Theorien nicht gänzlich austrocknen.

Sicherlich haben sie eine von Karl Marx geerbte Neigung, das vorhandene Weltsystem als »Exklusionssystem« zu betrachten, und sind bemüht, Theorien zu dessen Überwindung zu entwickeln. Schließlich dient die von Karl Marx und Friedrich Engels entwickelte Perspektive der klassenbasierten Ausbeutung und Exklusion als Inspiration und Anregung für alle kritischen Theorien, die nach Wegen der Emanzipation und Inklusion suchen. Allerdings haben sich die Neomarxisten deutlich von der klassischen marxistischen Idee distanziert, die den Klassenkampf als Weg zur Überwindung der Exklusion und zur Herstellung eines klassenlosen, also freien Weltsystems begreift. Marx' Hoffnung, im Zuge einer globalen Verbreitung der kapitalistischen Produktionsweise könnten durch die Emanzipation eines Weltproletariats gegenüber der Weltbourgeoisie Ausbeutung, Exklusion und Entfremdung beseitigt werden, haben die kritischen Theoretiker aufgegeben. Stattdessen wurden neue Ansätze zur Überwindung der Strukturen und Mechanismen entwickelt, die die Menschen untereinander entfremden und sie so davon abhalten, durch Kooperation die universale Freiheit zu verwirklichen. Dabei haben sie Marx' eurozentrische Schienen verlassen und versuchen, einen weltoffenen kulturell-kommunikativen Ansatz zu entwickeln. Die kritische Theorie Andrew Linklaters beinhaltet beispielsweise den Gedanken, dass eine Überwindung von Exklusionssystemen durch internationale und interkulturelle Kommunikation und Wertannäherungen möglich sei.

Linklaters Ansatz hat eine auffällig »deutsche Prägung« im Sinne der intellektuellen Herkunft. Bei der Entwicklung seiner Theorie orientierte sich der in England geschulte Politiktheoretiker stark an der sogenannten Frankfurter Schule, die ihrerseits insbesondere durch die kommunikative kritische Theorie von Jürgen Habermas geprägt wurde. Linklater selbst erstellt seine Theorie in Anlehnung an Habermas' Ansatz des »kommunikativen Handelns«. Insbesondere interessiert ihn die Frage, wie auf der internationalen Ebene ein Exklusions- in ein Inklusionssystem umgewandelt werden kann.

Soziologisch betrachtet ist eine Sozialstruktur als ein Inklusionssystem zu betrachten, wenn jeder Akteur des Systems in seiner Eigenschaft als systemkonstituierendes Element von der Gesellschaft anerkannt und akzeptiert wird. Er hat dann die Möglichkeit, sich ungehindert am Systemgeschehen zu beteiligen und sich dadurch selbst zu verwirklichen. Hingegen stellt ein Exklusionssystem gerade das Gegenteil dessen dar, was ein Inklusionssystem erreichen will: Ausschluss, Ausgrenzung und Vertreibung.

Als Schlüssel für die erfolgreiche Umwandlung von einem Exklusions- in ein Inklusionssystem auf der internationalen Ebene betrachtet Linklater die Fähigkeit der betroffenen Akteure, einen effektiven intergesellschaftlichen und interkulturellen Lernprozess in Gang zu setzen, insbesondere in den Bereichen der Rechts- und Moralvorstellungen. Dabei unterscheidet Linklater, wie Martin Griffith bemerkt, drei Zielsetzungen sozialen Lernens: »Lernen, um die Bedingungen der strategischen Konflikte und Rivalität zu beherrschen; Lernen, um technologische und wirtschaftliche Veränderungen zu meistern, und Lernen, um zwischen Moral und Praxis zu balancieren.«[7] Überzeugt von der Lernfähigkeit, insbesondere von der Fähigkeit, durch »kommunikatives Handeln« (Habermas' Ansatz) und durch »erfahrungsbasiertes Lernen« (sein eigener Ansatz) wirkungsvolle Dialoge und angleichende Annäherungen herbeizuführen, blickt Linklater optimistisch auf die Möglichkeit, durch argumentative und undogmatische Kommunikation die Entfremdung zwischen Staaten beziehungsweise Nationen mit unterschiedlichen Moral- und Rechtsvorstellungen zu überwinden.[8]

Für unsere Diskussion der Lernfähigkeit Chinas und des Westens ist die Tatsache, dass Linklater sich deutlich vom alten Universalismus, zu dem sich auch Karl Marx und Friedrich Engels bekannten, emanzipiert hat, von großer Bedeutung, weil sie zeigt, dass eine Emanzipation vom eurozentrischen Denken möglich ist. Für ihn war der klassische Marxismus zu eurozentrisch und zu anmaßend gegenüber nicht westlichen Kulturen. Dabei scheint ihn Friedrich Engels' herablassende Einstellung gegenüber fremden Kulturen besonders schockiert zu haben. Engels' Bemerkung, nicht westliche Kulturen und Nationen seien »historyless people«, war offensichtlich der Anlass für ihn, mit dem klassisch eurozentrischen Marxismus systematisch abzurechnen. Diese emanzipierende Auseinandersetzung mit Marx und Engels hat den kritischen Linklater zu der Ansicht gebracht, die marxistisch-universalistische Haltung sei von der Substanz her keine weltoffene Anschauung, sondern von eurozentrisch geprägter universalistischer Natur. Das klassisch marxistische Gedankengebäude sei vom Eurozentrismus durchdrungen. Daher ist es für den emanzipierten Neomarxisten Linklater abstoßend und entfremdend, in Zeiten der Modernität die Weltanschauung zu übernehmen, im Westen läge die für die gesamte Menschheit irgendwann erreichbare höhere Bestimmung.[9]

Linklater vertritt in der Tat einen modernen, durch Dialog und soziales Lernen erreichbaren Kultur- und Moraluniversalismus, der sich deutlich vom klassisch marxistischen Universalismus unterscheidet. »Kein moderner Universalismus, vielleicht mit der Ausnahme von Fukuyamas liberaler Siegtheorie«, so bemerkt Linklater, »akzeptiert die Auffassung von Marx, dass die Prinzipien der Modernität des Westens universal gültig seien.« Wenn er (Linklater) an eine neue universale Moral- und Rechtsordnung denkt, hat er eine Ordnung im Auge, in deren Kern das Prinzip »Respekt vor den kulturellen Verschiedenheiten der anderen« *(Respect for the cultural differences of others)* stehen soll.

Der neue Universalismus, der sich vom Eurozentrismus abzulösen versucht, so fügt Linklater hinzu, sei auf

Formen einer Weltgemeinschaft ausgerichtet, die weder die Dominanz bestimmter Kulturkreise noch die Trennung der Weltkulturen kennen sollen. Die Modernität dieser kritischen Theorie liegt offenbar darin, dass die Neomarxisten versuchen, den klassisch marxistischen *cosmopolitanism* mit dem *respect for cultural difference*[10] zu verbinden. Linklater scheint davon überzeugt zu sein, dass nur durch diesen neu definierten Universalismus ein wirklicher Abbau der Exklusion und Entfremdung zwischen den Völkern erreicht werden könne. Die Öffnung von Dialogen könnte die Gesellschaften unterstützen, eine Weltgemeinschaft zu bilden, in der sich neue Niveaus der Universalität und Diversität entwickeln könnten.[11]

Aber selbst wenn der Mainstream der westlichen Gesellschaften sich nach dem Vorbild der kritischen Neomarxisten vom Eurozentrismus emanzipieren würde, wäre der Boden für ein zügiges Zusammenrücken »in die Mitte« der chinesisch-westlichen Wertvorstellungen im Sinne einer Balance zwischen dem westlichen Primat des Individuums und dem chinesischen Primat des Kollektivs noch nicht ausreichend vorbereitet. Eine weitere Aufgabe scheint noch zu bewältigen: die Verabschiedung vom Idealismus und die Hinwendung zur Einsicht, dass die Vorstellung von einer Welt, die nur einen einzigen moralischen Maßstab kennt, eine Illusion ist und somit die Kulturen auch nicht zu einer einzigen moralischen Wertvorstellung bekehrt werden können.

Der amerikanische Historiker und Politikwissenschaftler Edward Carr stellte schon 1939 fest, dass der

Westen bereits seit Jeremy Bentham (1748–1832) in den Sog des Idealismus geraten sei.[12] Im Zentrum dieses idealistischen Denkens stand die Idee von *one world* im Sinne einer universalen moralischen Ordnung. In »Nation and Universe« (1990) interpretierte Michael Walzer diese Idee anschaulich: Es gebe nur einen Gott, daher könne es nur ein Gesetz, eine Justiz, ein korrektes Verständnis von gutem Leben, guter Gesellschaft oder guter Regierung geben und dementsprechend auch nur eine Erlösung, einen Messias und ein Millennium für die Menschheit.[13]

Aber die Attraktivität dieses *one-world*-Bildes bleibt bislang nur auf den Westen beschränkt. Der Rest der Welt zeigt kaum Interesse an einer Bekehrung zu dieser westlich geprägten *one world* – trotz Globalisierung der Weltwirtschaft und trotz zunehmender Institutionalisierung der internationalen Zusammenarbeit zwischen westlichen und nicht westlichen Staaten. Auch von einer eigenen proaktiven Bemühung nicht westlicher Staaten in diese Richtung ist nichts bekannt. Belege hierfür lassen sich aufgrund der nach wie vor ausgeprägten Fragmentierung der Welt entlang der verschiedenen Weltreligionen und Weltkulturen unschwer ermitteln.

Auch hier mögen sich die individuellen kulturellen Prägungen auf das Urteilsvermögen der Menschen als hartnäckig erweisen, wie der deutsche Geschichtsphilosoph Oswald Spengler vor hundert Jahren festgestellt hatte. Als er 1918 sein bis heute einflussreiches und inspiratives Werk »Der Untergang des Abendlands« vorlegte, war Spengler fest davon überzeugt, dass »jede Kultur eine eigene Mathematik [hat]«, die nach ihrer eigenen Logik und ihren eigenen Zahlen arbeite: »Der einzelne kann moralisch oder unmoralisch handeln, ›gut‹ oder ›böse‹ aus dem Ur-Gefühl seiner Kultur heraus, aber die Theorie seines Handelns ist schlechthin gegeben.« »Jede Kultur«, so Spengler, »hat dafür ihren eigenen Maßstab, dessen Gültigkeit mit ihr beginnt und endet. Es gibt keine allgemeinmenschliche Moral.«[14]

Diese Einschätzungen dürften in den Ohren der »*one-world*-Idealisten« ungewöhnlich und altmodisch klingen. Denn das universalistische Denkprinzip ist in den westlichen Gesellschaften des 21. Jahrhunderts viel weiter verbreitet als eine kulturrelativistische Gesinnung, wie sie Spengler vertritt. Für die Idealisten des Mainstreams der modernen westlichen Gesellschaften gilt: »Universale – das heißt unveränderliche – Ideen, Begriffe und Normen entfalten per definitionem Ansprüche auf globale Durchsetzung, auch wenn sie in historischen Momenten nicht notwendigerweise global präsent oder akzeptiert werden.«[15]

Vor diesem Hintergrund scheint es fast undenkbar, dass die medialen Meinungsführer westlicher Gesellschaften bereit sein könnten, sich von ihrem Weltbild zu verabschieden, um in Kooperation mit der chinesischen Seite einen mittleren Weg zu finden. Ermutigende Signale lassen sich nur auf akademischen Ebenen erblicken, insbesondere bei der sogenannten Englischen Schule, die basierend auf einer Balance traditioneller und moderner Wertvorstellungen eine neue Weltordnung postuliert.

Könnte diese Denkschule den Anfang vom Ende des Idealismus einläuten? Im Kern strebt die stark normativ denkende, aber doch nach möglichen Kompromissen zwischen verschiedenen Wertvorstellungen suchende Englische Schule nach einer »guten Ordnung« der Weltpolitik.[16] Sie unterscheidet zwischen drei Formationen oder Strukturen der anarchischen Weltpolitik: dem internationalen System *(International System)*, der internationalen Gesellschaft *(International Society)* und der Weltgemeinschaft *(World Society)*. Weil das »internationale System« im Sinne eines »Naturzustandes aller gegen alle keine gute Ordnung« darstellt, sollte es zunächst durch eine bessere Ordnung, eine »internationale Gesellschaft«, ersetzt werden, die sich dann bei Erfüllung höherer normativer Bedingungen wie der Herbeiführung universal akzeptierter Wertvorstellungen zu einer Weltgemeinschaft entwickeln könnte. Die Englische Schule – hier liegt der deutliche Unterschied zum Pessimismus der realistischen Schule, die das internationale System grundsätzlich als wandlungsunfähig betrachtet – geht also davon aus, dass ein »System« in eine »Gesellschaft« und eine »Gesellschaft« wiederum in eine »Gemeinschaft« transformiert werden könne, wenn die normative Qualität der Struktur steigt.

Hieraus dürfte sich eine Chance ergeben für die Entwicklung einer Balance zwischen dem vom Westen favorisierten Primat des Individuums und dem von den Chinesen bevorzugten Primat des Kollektivs als normative Grundlage einer »guten Ordnung«. Für die Englische Schule ist die Wandelbarkeit der Struktur der internationalen Politik eine normative Natur. Seit deren Begründung durch Hedley Bull hat sich die Theoriebeschäftigung der Schule auf die Idee der internationalen Gesellschaft konzentriert. Die internen Debatten drehen sich im Wesentlichen um die Frage, wie aus dem internationalen System eine gute Ordnung, also eine internationale Gesellschaft konstruiert werden kann, die sowohl ordentlich und stabil als auch gerecht und anständig ist. Drei Grundprinzipien sollen gelten: die staatliche Souveränität, die Nichteinmischung sowie die Menschenrechte. Mit anderen Worten: Für die Bewahrung der Ordnung sollen die Anerkennung der nationalen Souveränität und die Einhaltung des Gebotes der Nichteinmischung in innere Angelegenheiten sorgen. Das Ideal der Gerechtigkeit soll hingegen durch die Anerkennung und den Schutz von Menschenrechten vor staatlicher Willkür gewährleistet werden. Eine gleichzeitige Berücksichtigung dieser drei Grundprinzipien stellt sich nicht anders dar als eine Balance zwischen den chinesischen und westlichen weltordnungspolitischen Vorstellungen.

Auf welche Weise aber das Prinzip der Nichteinmischung und das der Menschenrechte miteinander in Einklang gebracht werden sollen, darüber herrschen in der Englischen Schule erhebliche Meinungsverschiedenheiten. Die Frage, ob und inwiefern internationale Menschenrechte die nationale Souveränität brechen dürfen und bis zu welchem Grad internationale humanitäre Interventionen erlaubt sein sollen, trennt die Vertreter der Englischen Schulen intern in zwei Lager: die *pluralists*, die das Primat der nationalen Souveränität betonen, und die *solidarists*, die größeren Wert auf den Vorrang der internationalen Menschenrechte vor nationaler Souveränität legen.[17]

Hedley Bull gehörte zu den »Pluralisten«, die ihre Priorität auf die Bewahrung der Ordnung legen. John Vincent interpretiert Bulls Präferenz für Ordnung nicht als einen »groben Konservatismus« *(crude conservatism)*, sondern als einen minimalistischen Einsatz für eine Doktrin, die Autorität als unentbehrlich betrachtet, wenn Ordnung überall herrschen soll.[18] Die neueren Studien der Politologin Molly Cochran zeigen jedoch, dass sich Hedley Bull, der 1985 verstorben ist, immer für eine *middle-ground ethics* eingesetzt hat. Cochran weist darauf hin, dass eine Wiederbelebung des von Bull vertretenen Mittelwegs im Sinne einer Balance von Souveränität und Menschenrechten der Englischen Schule aus der Sackgasse verhelfen könnte, in die sie während der jahrzehntelangen Debatten geraten ist. Für Cochran stellt es keinen Widerspruch zu einer normativen Theorie dar, wenn Kategorien wie Ordnung, Macht und Souveränität als tragende Komponenten einer internationalen Gesellschaft betrachtet werden. Als Argument hierfür wird von Bull wörtlich zitiert: »Alle internationalen Ordnungen haben die Aufgabe, bestimmten Zwecken von bestimmten Menschen zu dienen. […] Macht, moralischer Konflikt und Staatsraison«, so kommentiert Cochran Bulls Kerngedanken, »können von unserer Realitätsermittlung der Ethik und Weltpolitik nicht völlig abgelöst werden.«[19]

Bulls Ansatz der Mittelwege zeigt exemplarisch, dass die westliche Bildungselite durchaus fähig zu sein scheint, sich vom Idealismus mit seinen Ansprüchen auf die universal uneingeschränkte Gültigkeit westlicher Welten zu emanzipieren. Dies ähnelt auch dem oben bereits diskutierten Vorschlag Roman Herzogs, die »Mitte« zwischen den westlichen und chinesischen Wertvorstellungen zu suchen. In ihrem Kern entspricht die Fähigkeit zur Emanzipation von idealistisch-universalistischen Vorstellungen dem geistigen Vermögen der Idealisten, ihr Bekenntnis zum Pluralismus der Innenpolitik auf die internationale Ebene zu erweitern.

Genauer gesagt, sollten die Idealisten ihre innenpolitisch ausgeübte Toleranz auf die internationale Politik übertragen und ein Verständnis entwickeln von der Notwendigkeit der Koexistenz nicht westlicher Modernisierungsmodelle und des westlichen Modernisierungsmusters. Es mehren sich die Zeichen, dass sich die Kernidee des internationalen Pluralismus langsam von der akademischen auf die gesellschaftliche Ebene überträgt. »Während wir uns in Richtung einer multipolaren Welt entwickeln«, so die französische Ökonomin Loretta Napoleoni, »wird offenkundig, dass es kein ideales Entwicklungsmodell gibt, kein wirtschaftliches und kein politisches System, das für alle Länder gleichermaßen geeignet ist. Komplexität erzeugt Einzigartigkeit.«[20]

Die Aufgaben der Chinesen dürften nicht minder groß ausfallen. Vor allem dürfen sie sich vor einer Emanzipation vom Glauben an die kulturelle Überlegenheit der chinesischen Zivilisation nicht drücken, wenn auch sie sich auf die Mitte zwischen den chinesischen und westlichen Wertvorstellungen zubewegen wollen. Diese

Hausaufgabe wiegt deswegen noch schwerer als die der westlichen Eliten, weil die Chinesen hier auf eine weit längere Geschichte zurückblicken, die schon deshalb schwerer zu überwinden ist.

Die Wurzel jenes kulturellen Aberglaubens liegt bei Konfuzius selbst. Als er vor 2000 Jahren seine Lehre entwickelte, war er von seiner Überzeugung von der allgemeinen Übertragbarkeit der Sittenordnung des chinesischen Altertums völlig durchdrungen. Über 2000 Jahre sind vergangen, aber das zivilisatorische Überlegenheitsgefühl und das damit verbundene kulturelle Sendungsbewusstsein des Konfuzianismus haben sich nicht verändert. Auch das »Jahrhundert der Demütigung« hat diesen Aberglauben der Chinesen nicht erschüttern können. So ist in der Gedankenwelt des Mainstreams der chinesischen Bildungseliten einschließlich der Führungsklassen des modernen China die Überzeugung tief verwurzelt, der Sieg der westlichen Mächte über China im 19. und 20. Jahrhundert hätte nichts mit einer Überlegenheit der westlichen Werte zu tun, sondern sei vielmehr auf ihre militärische Überlegenheit zurückzuführen. Dieses Phänomen bestätigt indirekt eine Aussage, die Samuel Huntington aufgrund einer breiteren Beobachtung getroffen hat. »Der Westen«, so Huntington verallgemeinernd, »eroberte die Welt nicht durch die Überlegenheit seiner Ideen oder Werte oder seiner Religion (zu der sich nur wenige Angehörige anderer Kulturen bekehrten), sondern vielmehr durch seine Überlegenheit bei der Anwendung von organisierter Gewalt. Oftmals vergessen Westler diese Tatsache; Nichtwestler vergessen sie niemals.«[21]

Zu jenen »Nichtwestlern« zählen in der Regel Chinas politische Eliten und Meinungsführer der Gegenwart, die diese »Tatsache« niemals vergessen können oder wollen. Zwar sind sie nationalistisch geworden, das heißt, in der Kategorie des machtpolitischen Denkens »europäisiert« oder »verwestlicht«, wenn es aber um Wertvorstellungen geht, sind sie urchinesisch geblieben. Die These der zivilisatorischen Überlegenheit des Westens verbreitete sich nur bei einer Minderheit der Intellektuellen (dazu gehören Persönlichkeiten wie der Künstler und Regimekritiker Ai Weiwei und der Nobelpreisträger Liu Xiaobo). Ihr Vorschlag, China zu liberalisieren, indem die Prinzipien der Gewaltenteilung umgesetzt und das Individuum in den Mittelpunkt der Politik gestellt wird, wurde jedoch von der Mehrheit der oberen Zehntausend als ein ins Chaos mündender Weg abgelehnt. Nach wie vor herrscht der Glaube an die Überlegenheit der konfuzianischen Werte in Bezug auf die Sicherung von Ordnung, Stabilität und Wohlstand in einem großen Land wie China. Die Regierungsklasse und ihre führenden Vertreter streben zwar nicht danach, Chinas Werte international zu exportieren, also andere Regionen zu missionieren, aber sie bestehen hartnäckig auf der Nichtanwendbarkeit der westlichen Werte und auf die Nichtpraktizierbarkeit der aufgrund dieser Ideen entwickelten politischen Institutionen in China.

Dementsprechend lässt sich im China des 21. Jahrhunderts eine große Begeisterung für die konfuzianischen Klassiker beobachten. Das Land wird seit einigen Jahren durch eine Welle sogenannter *guoxue re* (einer Art Fieber für chinesische traditionelle Schriften, Sitten, Redewendungen, Kunst, Philosophien, und Erzählungen) erfasst. Hintergrund ist offensichtlich das akute Bedürfnis der Gesellschaft nach einer geistigen Orientierung, nachdem die kommunistische Ideologie auch als ethische Grundlage für die Beurteilung des menschlichen Verhaltens ausgedient und somit ein moralisches Vakuum hinterlassen hat.

Interessant ist es, zu beobachten, dass sich nur ein kleiner Teil der Bevölkerung auf der Suche nach Inspiration und Aufklärung den westlichen Werten zugewandt hat. Die Mehrheit der chinesischen Bildungseliten der Gegenwart lässt nach wie vor erkennen, dass sie es bevorzugen, mithilfe der traditionellen Wertvorstellungen Chinas die moralische Ordnung in der Gegenwart zu erneuern. Die Vorstellung, das konfuzianische kollektive Denken sei eine geeignetere moralische Grundlage für die Entwicklung einer neuen Sittenordnung als der westliche Liberalismus, dominiert die öffentlich geäußerten Meinungen.

Dementsprechend ist ein starker Widerstand insbesondere dann zu spüren, wenn direkt oder indirekt angeregt wird, sich bei der Bewältigung dieser Aufgabe von den westlichen Erfahrungen der Aufklärung inspirieren zu lassen. Ein Zitat aus der Kritik eines chinesischen Professors an der im Jahr 2012 von Deutschland in Beijing durchgeführten Veranstaltung im Rahmen der Ausstellung »Kunst der Aufklärung« zeigt exemplarisch, wie ausgeprägt die unterschwellige Abneigung der chinesischen Intellektuellen gegen eine Übernahme der westlichen Wertvorstellungen ist: »Wenn Sie«, so der chinesische Redner direkt ins Auge eines Mitdiskutanten aus Deutschland, »sich nicht darum scheren, sich selbst aufzuklären, warum wollen Sie dann ausgerechnet mit Chinesen darüber diskutieren? Wenn Sie der Meinung sind, Sie besäßen die Aufklärung und müssten China diese vermitteln, bzw. der Meinung sind, China müsse aufgeklärt werden, sage ich, dass das falsch ist, weil China schon viel zu viel und nicht zu wenig aufgeklärt ist.« Ein anderer chinesischer Kollege flankierte: »Wer Demokratie als einen universellen Wert erachtet, unterstellt eine Normalität, die gar nicht existiert [...]. Denn nicht jeder stimmt der Demokratie zu und nicht jeder profitiert davon.«[22]

Es gibt in der Tat im gegenwärtigen China keine Garantie, dass sich diese Situation schnell ändern könnte. Solange der Glaube an die Überlegenheit der traditionellen konfuzianischen Werte den Prozess der moralischen Erneuerung Chinas im 21. Jahrhundert dominiert, wird der Raum für eine Öffnung gegenüber der Idee des Mittelweges zwischen Kollektiv und Individuum äußerst eng bleiben. Die meisten veröffentlichten Meinungen liebäugeln noch mit einer Wiederbelebung der chinesischen Sittenordnung nach konfuzianischen Prinzipien, in deren Mittelpunkt der Kollektivismus steht. Der gegenwärtige Eifer vieler Intellektueller für die konfuzianischen Klassiker ist nicht minder stark als der des Konfuzius vor 2000 Jahren für die Sittenordnung des chinesischen Altertums.

Zu den wenigen Ausnahmen zählt eine Gruppe von

Universitätsprofessoren in Beijing, die sich für den Aufbau eines »Verfassungsstaates« *(xian zheng)* in China einsetzen. Führende Figuren der Gruppe sind Zhang Qianfan, Professor für Rechtswissenschaft an der Peking-Universität, und Li Weisen, Professor für Wirtschaftswissenschaft an der Fudan-Universität in Schanghai. Im Zentrum ihrer Überlegungen steht die Idee, China zur Begrenzung der Machtausübung eine moderne Verfassung zu geben. Dies geht aus einem Bonner Workshop deutlich hervor, zu dem der Verfasser dieses Buches im April 2013 sechs führende liberal Denkende aus China einschließlich Zhang und Li eingeladen hatte. Danach sollte sich auch die Partei der Verfassung beugen und ein bestimmter Grad an politischer Partizipation zugelassen werden. Zhang nannte diese Maßnahme *huanquan yu min* (»Macht an das Volk zurückgeben«).[23]

Jedoch befinden sich die chinesischen »Konstitutionalisten« noch in der Minderheit und sind starkem Druck vonseiten der Partei ausgesetzt. Dennoch gehören sie zu den chinesischen Intellektuellen der Gegenwart, die systematisch begonnen haben, sich vom Glauben an die konfuzianische Überlegenheit zu emanzipieren und zu versuchen, westlich-liberalistische Grundideen mit den chinesischen zu verschmelzen. Diese sind die eigentlichen Hoffnungsträger in China, wenn es darum geht, das Land zivilisatorisch zu erneuern.

Anmerkungen

1. Herzog, Roman: Menschenrechtsdialog zwischen Deutschland und China. Ansprache anlässlich eines Abendessens zu Ehren des Präsidenten der Volksrepublik China auf Schloss Augustusburg in Brühl am 13. Juli 1995, unter http://www.bundespraesident.de/SharedDocs/Reden/DE/Roman-Herzog/Reden/1995/07/19950713_Rede.html, zuletzt aufgerufen am 8.11.2013.
2. Vgl. hierzu: Gu, Xuewu: *Konfuzius zur Einführung,* Junius: Hamburg ²2008, S. 141.
3. Weede, Erich: *Asien und der Westen.* Politische und kulturelle Determinanten der wirtschaftlichen Entwicklung, Nomos-Verlagsgesellschaft: Baden-Baden 2000.
4. Schoettli, a.a.O., S. 3.
5. Pohl, Karl-Heinz: Zwischen Universalismus und Relativismus. Menschenrechte und interkultureller Dialog mit China, in: *Occasional Paper Nr. 5 der Arbeitsgemeinschaft Menschenrechte,* Universität Trier 2002, S. 19.
6. Zu Ähnlichkeiten und Verschiedenheiten zwischen der chinesischen und abendländischen Goldenen Regel vgl. Gu, Xuewu, a.a.O., ²2008, S. 68 ff.
7. Griffiths, Martin: *Fifty Key Thinkers in International Relations,* Routledge: London und New York 1999, S. 141.
8. Ebd., S. 141 ff.
9. Linklater, Andrew: Marxism, in: Burchill, Scott/Linklater, Andrew (Hrsg.): *Theories of International Relations,* Macmillan: London 1996, S. 119–144, S. 137.
10. Ebd., S. 139.
11. Linklater, Andrew: The Achievements of Critical Theory, in: Smith, Steve/Booth, Ken/Zalewski, Marysia (Hrsg.): *International Theory.* Positivism and Beyond, Cambridge University Press: Cambridge 1996, S. 279–298, S. 296.
12. Carr, Edward: *The Twenty Years' Crisis 1919–1939,* Macmillan: London ²1951, S. 11–62.
13. Zitiert nach: Boucher, David: *Political Theories of International Relations,* Oxford University Press: Oxford 1998, S. 32.
14. Spengler, a.a.O., S. 440.
15. Zu einer exzellenten Analyse der Debatte zwischen Universa-

lismus und Relativismus vgl. Kühnhardt, a.a.O., insbesondere S. 227–241.
16 Vgl. hierzu: Vincent, R. John: Hedley Bull and Order in International Politics, in: *Millennium: Journal of International Studies,* 17 (2) 1988, S. 195–213; Cochran, Molly: Charting the Ethics of the English School: What »Good« is There in a Middle-Ground Ethics?, in: *International Studies Quarterly,* 53 (1) 2009, S. 203–225.
17 Dunne, Tim/Kurki, Milja/Smith, Steve (Hrsg.): *International Relations Theories,* Oxford University Press/online resource center: Oxford 2007, S. 136 ff.
18 Vincent, a.a.O., S. 210.
19 Cochran, a.a.O., S. 222.
20 Napoleoni, Loretta: *China: Der bessere Kapitalismus.* Was der Westen vom Reich der Mitte lernen kann, Orell Füssli Verlag: Zürich 2012, S. 7.
21 Huntington, a.a.O., S. 68.
22 Stiftung Mercator, a.a.O., S. 44 f.
23 Zhang, Qianfan: *The Constitution of China,* Hart Publishing: Oxford 2012, S. 263.

KAPITEL 8

Chinas strategische Ambition und die Herausforderung für den Westen

Nicht wenige Westler glauben ganz genau zu wissen, was die Chinesen wirklich wollen. Fehleinschätzungen, Geringschätzungen, Übertreibungen oder schlicht Missverständnisse sind wohl unausweichlich, wenn die eigene Wahrnehmung mit der Realität verwechselt wird. Eine Analyse aus der Wochenzeitung DIE ZEIT von 2010 scheint diesen Eindruck teilweise zu bestätigen:

> »Heute zeigt sich, dass Olympia 2008 nur eine Zwischenstation war. China will nicht nur aufholen, es bereitet sich vielmehr darauf vor, den Westen zu überholen. Die Verhältnisse könnten sich umkehren. Nach zweihundert Jahren, in denen der Osten vom Westen lernte, könnte China unter den Nationen wieder den Platz einnehmen, den es bis zum Ende des 18. Jahrhunderts innehatte und der ihm nach eigenem Verständnis gebührt: das Reich der Mitte zu sein, das Zentrum der zivilisierten Welt.«[1]

Sicher, China könnte den Westen überholen, wenn die Entwicklung des Landes und der Wirtschaftsboom in den kommenden 10 oder 15 Jahren kein Ende nehmen. Aber man sollte das Ergebnis einer möglichen Entwicklung nicht mit der Intention eines Landes verwechseln. Es würde die Chinesen natürlich unglaublich freuen, wenn ihr Land eines Tages den Westen überholen würde. Aber ist es auch ihre Ambition? In jedem Fall erscheint es sinnvoller, zuerst die Logik der chinesischen Politik zu entziffern, um ihre wirkliche Ambition und damit wiederum die Herausforderung zu identifizieren, die sie für den Westen darstellt.

Allein die Tatsache, dass China – trotz der für sein Regime erheblich destabilisierenden Wirkungen des Waffenembargos des Westens seit der Niederschlagung der Studentenbewegung am Tiananmen-Platz in Beijing 1989, des Untergangs der Sowjetunion 1991, der Asienkrise 1997/1998, der Finanzkrise 2008, der Eurokrise seit 2010 und der Ansteckungsgefahr der arabischen Revolutionen seit 2011 – nicht zusammengebrochen ist, widerspricht allen gängigen sozialwissenschaftlichen Theorien. Karl Marx und Friedrich Engels hätten sich wohl kaum vorstellen können, dass das größte kommunistisch regierte Land eines Tages der größte Gläubiger des größten kapitalistischen Landes der Welt werden würde. Anhänger der Modernisierungstheorien, nach denen eine wirtschaftliche Liberalisierung automatisch eine politische Liberalisierung herbeiführt, bleiben mit Blick auf China bis heute ratlos. Ein militärischer Konflikt zwischen China und den USA, der gemäß den realistischen Theorien schon längst ausgebrochen sein müsste, bleibt aus. China erscheint einzigartig, stabil und von Dauer – ein Land, das doch so viele Male schon totgesagt wurde.

Wie lässt sich die Stabilität eines Landes erklären, dessen autoritäre Herrschaft per definitionem der liberalistischen Theorien instabil sein sollte? Diesen grundlegenden Widerspruch zwischen der chinesischen Realität und den Theorien des Westens zu verstehen, könnte helfen, die Logik der Stabilität des gegenwärtigen politischen Systems der Volksrepublik China zu begreifen.

Wie jedes politische System ist das der Volksrepublik China durch verschiedene Probleme »gestresst«. Im Augenblick hat es vor allem mit den Nebenprodukten des atemberaubenden Wirtschaftswachstums der letzten 30 Jahre zu kämpfen: Endemische Korruption, markante Einkommensunterschiede, marode Sozialversicherungssysteme, Millionen Wanderarbeiter und die sinkende Qualität von Wasser und Luft belasten die kommunistische Herrschaft im Fernen Osten in einem nie da gewesenen Ausmaß.

Dennoch bleibt das politische System im Reich der Mitte stabil. Die Parteienherrschaft, die liberal-demokratische Institutionen als Mechanismen zum Abbau gesellschaftlicher Frustrationen und politischer Verdrossenheit nicht kennt, hat sich bislang im Hinblick auf die Erhaltung der Stabilität als funktionsfähig erwiesen. In der Tat gibt es kaum zwingende Anzeichen dafür, dass das System bei der Ausübung dieser Aufgabe massiv versagen könnte. Ein Zusammenbruch wie jener der Sowjetunion – eine im Westen viel zitierte Prognose[2] – ist zumindest in absehbarer Zeit nicht zu erwarten. Die Eigenlogik der chinesischen Politik wird vermutlich weiterhin dafür sorgen, dass dem Powerhaus der Weltwirtschaft doch noch einige Jahre, wenn nicht Jahrzehnte der Stabilität vergönnt sind.

Die Logik der chinesischen Politik begründet sich vor allem aus der Natur des chinesischen Regierungssystems, das ohne Weiteres als autoritäres System eingestuft werden kann. Jedoch ist Chinas autoritäres System nicht irgendein autokratisches Regime. Im Geist des Primats der Gemeinschaft beruht es auf einem stillschweigenden Gesellschaftsvertrag zwischen den kommunistischen Eliten und den regierten Massen.

Der Ursprung des gegenwärtigen chinesischen Systems geht auf den Quasi-Naturzustand des Landes nach dem Tod von Mao Zedong im Jahre 1976 zurück. Mao hatte 1949 die Volksrepublik gegründet und bis zum letzten Tag seines Lebens regiert. Er hinterließ ein Land, das von außenpolitischer Spannung, innenpolitischer Unordnung und wirtschaftlicher Rezession regelrecht geplagt wurde. Vor diesem Hintergrund ergriff Deng Xiaoping, der zweimal von Mao entmachtet worden war, erneut die Macht. Er versprach der chinesischen Bevölkerung eine neue Perspektive. Sein Angebot lautete: Ordnung, Wohlstand, Modernisierung und Wiederherstellung der Würde der Nation.

Völlig zermürbt durch Maos »Klassenkampf« akzeptierte die chinesische Bevölkerung Dengs Angebot. In der Tat wurde seine Rückkehr in die Politik von den

Menschen als Glück für das Land empfunden. Landesweit wurde die Übernahme der Regierungsmacht durch pragmatische Eliten um Deng spontan und begeistert gefeiert. Die Bevölkerung jubelte ihm zu und erkannte seine Führung an. Deutliches Zeichen dieses erklärten Willens zur Unterwerfung waren die emotionalen Hochrufe der Menschenmenge, »*Xiaoping, Nin Hao!* (Hallo Xiaoping!)«, als der neue Souverän Anfang der 1980er-Jahre auf dem Tiananmen-Platz in Beijing eine Massenparade abnahm.

Der stillschweigende Gesellschaftsvertrag verpflichtete Deng Xiaoping und seine politischen Anhänger, zu denen auch der jetzige Partei- und Staatschef Xi Jinping gehört, für Wohlstand und Ordnung zu sorgen. Als Gegenleistung hierfür wurden ihnen die letzte Entscheidungsgewalt und Ordnungsmacht zuerkannt, die nicht wiederholt zur Diskussion gestellt werden sollten. Diese gesellschaftstheoretische Deutung des chinesischen Regierungssystems mag altmodisch klingen, entspricht jedoch den gegenseitigen Erwartungen der Regierten und der Regierenden im heutigen China.

Die innere Logik der chinesischen Politik ist eindeutig: Solange die Vertragsparteien nicht einseitig oder gegenseitig enttäuscht sind, bleibt dieser »Unterwerfungsvertrag« intakt und ist eine politische Unordnung in China nicht vorstellbar. Im Augenblick macht die Mehrheit der chinesischen Bevölkerung vor dem Hintergrund des steigenden Wohlstandes einen zufriedenen Eindruck, auch wenn es immer wieder zu lokalen Unruhen und Protesten kommt.

Eine amerikanische Studie bestätigte die im internationalen Vergleich relativ hohe Bereitschaft der chinesischen Bevölkerung, die Legitimität ihrer Regierung weiterhin anzuerkennen.[3] Nach dieser Studie rangierte die chinesische Regierung von 1998 bis 2002 auf der Legitimitätsliste von 72 untersuchten Staaten auf Platz 13, sogar vor Australien und Großbritannien. Vermutlich hat diese relativ positive Einstellung der Chinesen zu ihrer autoritären Regierung mit ihrem permanent steigenden Wohlstand zu tun. Laut einer Gallup-Umfrage von 2011 sinkt der Wohlstand der Amerikaner dramatisch, während der der Chinesen erheblich steigt. 19 Prozent der Amerikaner haben kein Geld für ausreichend Nahrung, unter den Chinesen beklagen nur sechs Prozent eine derartige Lage. »Auch andere Armutsindikatoren zeigen«, so das Fazit der Studie: »Den US-Bürgern geht es immer schlechter, den Chinesen immer besser.«[4]

Die chinesische Führung scheint begriffen zu haben, dass Stabilität in einem politischen System ohne offene Konkurrenz um Regierungsmacht nicht auf Dauer mithilfe von Verfolgung und Unterdrückung erreicht werden kann. Die Notwendigkeit zur Absicherung der Gefolgschaft breiter Schichten der Bevölkerung durch eine flexible Ausübung der Ordnungsmacht wird unter den Regierungseliten zunehmend erkannt. In der Tat fühlt sich die politische Führung vor dem Hintergrund der verbreiteten Politikapathie der Menschen nicht genötigt, auf flächendeckende Repressionen zurückzugreifen. Aber die meisten politisch Andersdenkenden wurden von der Parteiherrschaft aus dem Land »herausgebeten«. Vielen von ihnen leben jetzt in Amerika, Europa, Hongkong und Taiwan. Um »ungestört« regieren zu können, weigert sich die chinesische Regierung auch, die in Übersee lebenden Oppositionellen wieder ins Land einreisen zu lassen, wohl mit der Kalkulation, dass sie mit der Zeit ihre Einflussnahme auf das Land allmählich verlieren würden.

Durch die wirtschaftlichen Errungenschaften vergrößert sich auch die Auswahl der Instrumente für die Regierung, um die politischen Gegenspieler »unschädlich« zu machen. Diese reichen von wirtschaftlichen Anreizen über professionelle Auszeichnungen bis zur Kooptierung in die Partei mit Zugängen zur politischen Macht. Nicht selten werden Regimekritiker durch lukrative Posten in der Parteienherrschaft als Systemmittragende gewonnen und zum Schweigen gebracht. Vor diesem Hintergrund wird immer seltener gegen politisch Andersdenkende nackte Gewalt angewendet, auch wenn gegenüber denjenigen, die den Gesellschaftsvertrag nicht mehr akzeptieren und aus der Reihe der braven Bürger tanzen wollen, wiederholt punktuelle Eingriffe vorgenommen werden. Die Gefängnisstrafe für den im Westen hoch geschätzten Nobelpreisträger Liu Xiaobo, der das Kooptionsangebot der Regierung bis heute kategorisch ablehnt und sich für ein Ende des aktuellen Staatssystems einsetzt, stellt ein typisches Beispiel für die Logik der chinesischen Politik dar: Menschen, die sich mit der Art und Weise, wie die Regierungsklasse das Land modernisieren will, identifizieren und sich damit auf den wirtschaftlichen Aufbau und auf die Vergrößerung des eigenen Wohlstandes konzentrieren wollen, werden von dem System belohnt; hingegen werden diejenigen bestraft, die dieses System abschaffen und das Staatsschiff in eine andere Richtung steuern wollen. Die Partei hat aber das Glück, dass die meisten Chinesen einschließlich der Mehrheit der Bildungselite Pragmatiker sind. Es hat den Anschein, dass die Anzahl der pragmatisch denkenden und handelnden Menschen in China die der vom westlichen Liberalismus überzeugten Intellektuellen milliardenhoch übertrifft. Diese Tatsache erklärt auch, warum es sich die Parteiherrschaft Chinas leisten kann, auf eine totale Repression zu verzichten und sich mit einer selektiven Verfolgung zu begnügen, sollte die Strategie der Kooption bei manchen unbeirrbaren Liberalen versagen.

Allerdings garantiert der Gesellschaftsvertrag den kommunistischen Eliten nicht nur ihre Regierungsmacht, sondern erinnert sie auch ständig an ihre Leistungsverpflichtungen. Dazu gehören die Entwicklung einer modernen Volkswirtschaft und einer weitgehend autonomen Gesellschaft. Aus genau diesem Grund besteht die chinesische Regierung darauf, politische Prioritäten stets auf die wirtschaftliche Entwicklung des Landes zu setzen. Auch ihr Desinteresse an einer demokratischen Reform zum Ausbau der Möglichkeiten der politischen Partizipation stellt eine logische Konsequenz des stillschweigenden Gesellschaftsvertrages dar.

Wohl wissend, dass der versprochene Wohlstand für 1,34 Milliarden Menschen nur durch intensive Entwicklungsprojekte erreicht werden kann, machen die Machthaber auf allen Regierungsebenen das Wirtschaftswachstum zur Chefsache. Denn nicht nur das Schicksal der gesamten Regierungsklasse hängt von ihren Wirtschaftsleistungen ab, sondern auch die persönliche Karriere der einzelnen Politiker beziehungsweise Parteifunktionäre. Der Gesellschaftsvertrag hat in diesem Sinne das Verhältnis zwischen den Regierten und den Regierenden völlig ökonomisiert und transparent gemacht. Das Wirtschaftswachstum wurde nicht nur zum einzigen Maßstab für den Erfolg der Politik, sondern auch zur Quelle der Legitimation politischer Macht.

Diese Ökonomisierung der Politik führte zu einer flexiblen Ausübung der Ordnungsmacht, die sich stets auf das Primat des Kollektivs berufen und auf seine stabilisierenden Wirkungen verlassen kann. Während seitens der Regierung das Recht der Bürger, ihr Privatleben gesellschaftlich wie wirtschaftlich frei zu gestalten, weitgehend respektiert wird, versuchen auf der anderen Seite nur wenige politisch emanzipierte Aktivisten, die Autorität der Parteienherrschaft infrage zu stellen. Beide Seiten scheinen eine »rote Linie« gezogen zu haben und bereit zu sein, diese als Grenze ihrer jeweiligen Spielräume anzuerkennen.

Die Beobachtung zeigt, dass die Regierung bei der Ausübung ihrer Ordnungsmacht lediglich die Einhaltung dieser »roten Linie« beachtet, um die Stabilität zu erhalten. Solange sie die Grundordnung im Sinne des Gesellschaftsvertrages nicht gefährdet sieht, unterstützt oder toleriert sie alles, was eine moderne, freie und emanzipierte Gesellschaft ausmacht: von Rolling Stones bis zu Hip-Hop, vom Internet bis zum Mobiltelefon, von

Punkkultur bis zur Swingparty und von NGOs bis zum Austausch mit dem Ausland.

Ein klassisches Beispiel für diese flexible und adaptive Regierungsweise stellt die Förderung oder Tolerierung des Internets dar. Trotz Zensur sowie der Kontrolle der die »rote Linie« ignorierenden Cyber-Dissidenten und der Sperrung bestimmter Dissidenten-Internetserien aus dem Ausland sowie einer Firewall gegen die sogenannte spirituelle Verschmutzung, die Pornografie eingeschlossen, werden die Nutzung und Verbreitung des Internets durch die Regierung massiv unterstützt. China hat heute (Herbst 2013) schätzungsweise 600 Millionen Internetnutzer. Davon sind etwa 100 Millionen aktive Blogger unter 35 Jahren. Im internationalen Vergleich verbringen junge und gut ausgebildete chinesische Internetnutzer viel mehr Zeit online als vergleichbare Gruppen in anderen Industriestaaten. Wie Wolfgang Hirn vom Manager-Magazin beobachtet: »Kein Volk ist so mobil und Internet-affin wie die Chinesen. Höchstens die benachbarten (Süd-)Koreaner können da noch mithalten. 564 Millionen Chinesen hatten Ende 2012 Zugang zum Internet. Bereits knapp 200 Millionen Chinesen erledigen ihre Bankgeschäfte online. Der E-Commerce boomt wie in keinem anderen Land der Welt. Waren im Wert von 210 Milliarden Dollar wurden im Jahr 2012 von Chinesen im Internet bestellt.«[5]

Die intensive Nutzung des Internets machte China zu einer regelrechten *blog nation*. Sie ermöglichte die Entstehung von Internetportalen als neue Hauptplattform für den inländischen Informationsaustausch. Im Vergleich zu traditionellen Printmedien und TV-Übertragungsmitteln sind die Vorzüge der Internetportale für Menschen in einem autoritär regierten System unverkennbar: Sie sind schnell, virtuell, anonym und sicher. Leidenschaftlich kommunizieren Millionen Blogger über das Internet, nicht nur, um Lebenserfahrungen miteinander auszutauschen, sondern auch, um soziale Missstände aufzuzeigen und Unmut über Korruption und Willkür lokaler Beamter zum Ausdruck zu bringen.

Entgegen der Vermutungen vieler Demokratietheoretiker hat sich die Verbreitung des Internets in China bislang positiv auf die Stabilität des Systems ausgewirkt. Wie der deutsche Politologe und Chinaexperte Thomas Heberer festgestellt hat, »stellen Internetdiskussionen an sich noch keine Herausforderung des Systems dar. Sie können sogar dazu beitragen, die Legitimität des politischen Systems zu stärken.«[6] In der Tat hat die chinesische Regierung mit der Förderung des Internets offenbar bereits zwei Fliegen mit einer Klappe geschlagen: die Sicherung des chinesischen Anschlusses an die modernste Kommunikationstechnologie der Welt und die Stärkung der politischen Stabilität.

Mit dem amerikanischen Politikwissenschaftler Adam Przeworski kann man die Stabilität des politischen Systems der Volksrepublik China noch systematischer erklären: Ihm zufolge kann ein politisches System nur dann ins Schwanken geraten, wenn eine populäre Alternative zum existierenden Regime aufkommt. Populär ist diese, wenn sie von den Bürgern bevorzugt und als realisierbar betrachtet wird.

Es ist kein Geheimnis, dass die westliche Staatsform des liberalen Verfassungsstaates stets als potenzielle Alternative zur Parteienherrschaft in China gehandelt wurde und wird. Allerdings hat sie nach wie vor große Schwierigkeiten, sich als populäre Alternative zum existierenden autoritären Regime zu präsentieren, geschweige denn, sich durchzusetzen. Die Gründe dafür sind vielseitig: Sie liegen in der Demokratiefeindlichkeit der Konservativen, in der Demokratiefremdheit der Masse, in der Demokratiescheu der Intellektuellen und in der Demokratiegleichgültigkeit des Mittelstandes.

Vor allem bleibt der neue Mittelstand der Parteiherrschaft nach wie vor treu. Und es entbehrt nicht einer gewissen Ironie, dass die Demokratiegleichgültigkeit in China ausgerechnet bei denjenigen besonders zu spüren ist, die gut ausgebildet sind und über ein hohes Einkommen verfügen, obwohl doch die westliche Demokratietheorie gerade im Mittelstand den eigentlichen Antrieb der Demokratisierung verortet.

Im Reich der Mitte hat sich bereits eine große Gruppe wohlhabender Menschen formiert, die man durchaus als die neue chinesische Mittelklasse bezeichnen kann. Heute verfügen schätzungsweise 300 Millionen Chinesen über ein Jahreseinkommen zwischen 30 000 bis 40 000 Euro. Hinzu kommen rund 30 Millionen Menschen, die im Jahr mehr als 50 000 Euro einnehmen.

Was dieses Kollektiv politisch charakterisiert, ist seine weitgehende Identifikation mit den systemischen Werten der Parteienherrschaft: Die wirtschaftliche Entwicklung ist also relevanter als die politische Reform;

die Gesellschaft hat Vorrang vor dem Individuum; und hart arbeiten ist wichtiger als persönliche Freiheit. Zahlreiche Umfragen und Untersuchungen von in- und ausländischen Wissenschaftlern bestätigen, dass wir in China einen politisch konservativen, änderungsscheuen und stabilitätsfreundlichen Mittelstand haben. Er zeigt sich nicht besonders begeistert von der Idee, politische Freiheit und persönliche individuelle Rechte flächendeckend einzuführen. Die Angst vor einer Gefährdung der vorhandenen Grundordnung veranlasst ihn zu weitgehend systemkonformem Verhalten.

Was die neue Mittelklasse am meisten interessiert, ist mehr persönliche Freizeit. Die überwiegende Mehrheit will einfach mehr Freizeit für ihre Familien und Freunde. Kaum einer von ihnen wünscht sich mehr Freizeit für gesellschaftliche Aktivitäten oder gemeinnützige Programme. Ein Phänomen, das die sozialwissenschaftliche Modernisierungstheorie wiederum erheblich infrage stellt. Denn hohes Einkommen und wohlhabendes Leben sollen den Menschen viel Freizeit geben, und diese soll ihnen wiederum ermöglichen, sich gesellschaftlich zu organisieren und demokratisch zu engagieren. Den neuen chinesischen Mittelstand, von dem die Rolle des Vorkämpfers für die Demokratie erwartet wird, gibt es nicht – noch nicht. Dieser Zustand erschwert den Aufstieg der Demokratie als politische Alternative und leistet somit einen organischen Beitrag zur Stabilisierung des kommunistischen Regimes.

Begründet wird dieses antitheoretische Phänomen in China dadurch, dass die geschäftsführenden Manager als Kern der neuen Mittelklasse klare Nutznießer des vorhandenen politischen Systems sind. Sie sind tatsächlich fest in das politische System integriert: Schätzungsweise 81 Prozent der CEOs von Staatsunternehmen haben ihren Job der Partei zu verdanken; 56 Prozent aller leitenden Manager werden von der Partei berufen.[7] Von ihnen zu erwarten, sich von der Parteiherrschaft zu distanzieren und für eine Alternative einzusetzen, würde der Logik der Sache widersprechen.

Es versteht sich von selbst, dass in einem politischen System, dem ein Unterwerfungsvertrag wie der chinesische zugrunde liegt, Herrschaft begrenzende Mechanismen wie eine unabhängige Justiz und freie Presse keinen Platz haben. Sie gehören zu den systemfeindlichen Institutionen, die per definitionem nicht erfolgreich eingeführt werden können, ohne die Grundlage des politischen Systems, den Gesellschaftsvertrag, aufzukündigen.

Gegenwärtig lässt sich deshalb weder bei den chinesischen politischen Eliten noch bei den Regierten eine annähernde Bereitschaft zu einer solchen Systemänderung erkennen. Für Erstere steht das Machtmonopol und für Letztere der Wohlstand auf dem Spiel. Sie scheinen nicht daran zu glauben, dass die von ihnen jeweils favorisierten Vorteile in einem anders konstituierten System als dem vorhandenen zu erhalten oder zu vergrößern wären. Die gemeinsame Angst vor dem ungewissen Ergebnis eines Systemwechsels und das gemeinsame Interesse an einer Weiterführung des Gesellschaftsvertrages fördern ihre gegenseitige Vertragstreue und damit auch die Stabilität des Systems.

Aber eine allseitige Vertragstreue begünstigt die Stabilität des politischen Systems eben nur. Sie stellt noch keine Garantie für das Überleben des Systems dar, wenn es zu stark durch Systemstörungen beansprucht wird. Von der Systemtheorie der Kybernetik wissen wir, dass ein System nur überleben kann, wenn es über genügend Kapazitäten zur Bewältigung dieser Belastungen verfügt. Hat das politische System Chinas, das Massenpartizipation als Mechanismus zum Abbau politischer Frustration und Unzufriedenheit nicht kennt, die notwendige Kraft, die immer stärker zum Vorschein kommenden Systemstörungen zu überwinden?

Die entscheidende Schwäche des chinesischen Systems liegt darin, dass es nicht auf politischen Werten, sondern auf wirtschaftlichen Leistungen beruht. Da wirtschaftliche Leistungen stets konjunkturbedingt sind, ist die systemische Stabilität vielen außersystemischen Faktoren wie der Rezession der Weltwirtschaft oder der Abkühlung der Konjunktur in den Haupthandelspartnerländern ausgesetzt. Diese systemische Außenabhängigkeit zu beseitigen scheint die dringende Aufgabe der Volkrepublik zu sein.

Allem Anschein nach hat die neue chinesische Führung unter Präsident Xi Jinping diese Aufgabe erkannt. Ihr neues Konzept, der Instabilitätsgefahr gegenzusteuern und damit die Überlebensfähigkeit des Systems zu steigern, heißt »Verwirklichung des Chinesischen Traums«. Es bekräftigt das Primat des Kollektivs und wirkt sich auf die Massen erneut ansprechend aus. Es wurden groß angelegte Adjustierungsmaßnahmen, wie die Lockerung der Ein-Kind-Politik und die Umstellung der wirtschaftlichen Strukturen von der Exportförderung auf die Ankurbelung von Binnennachfrage gestartet, die das Wirtschaftswachstum mehr in Richtung soziale Erträglichkeit und ökologische Freundlichkeit lenken sollten. So soll das Konfliktpotenzial innerhalb der Gesellschaft abgebaut und die Systemloyalität erhöht werden. Insbesondere sollte die von der neuen Führung höchstpersönlich koordinierte Antikorruptionsbewegung dafür sorgen, dass korrumpierte Parteifunktionäre landesweit aus der Partei entfernt werden. Parteichef Xi Jinping ließ die Parteifunktionäre und Regierungsbeamte wissen, wie sehr es ihn störe, wenn sie ständig daran denken würden, »gleichzeitig Macht und Geld zu besitzen«. Die Genossen werden aufgefordert, die Wahl zwischen Machtausübung und Geldverdienen zu treffen. Sie sollen sich entscheiden, entweder als Regierungsbeamter im Parteikader zu bleiben und die »vom Volk« anvertraute Macht sauber und verantwortlich auszuüben, oder das Parteibuch zurückzugeben und den Regierungsposten zu verlassen, um Geld in der Wirtschaft zu verdienen. Die Praxis der Vergangenheit, wonach Mitglieder des Ständigen Ausschusses des Politbüros von Untersuchungen ausgeschlossen werden, soll abgeschafft werden. Die Öffentlichkeit in und außerhalb der Volkrepublik erwartet einen Durchbruch in diesem Bereich spätestens im Sommer 2014. Wenn die Entschlossenheit der neuen Parteiführung nicht täuscht, wird Zhou Yongkang, ein ehemaliges Mitglied des Ständigen Ausschusses des Politbüros und vormals gefürchteter Polizeichef des Landes, wegen Korruption und Untreue zur Rechenschaft gezogen werden. Ob es der chinesischen Führung allerdings nochmals gelingen wird, durch politische Anpassungen und institutionelle Erneuerungen die Selbsterneuerungsfähigkeit des Systems zu stärken, bleibt noch abzuwarten. Jedoch lassen der anpackende Regierungsstil und die rationale Vorgehensweise der technokratischen Herrschaftsklasse unter der Führung von Staatspräsident Xi und Ministerpräsident Li zumindest eine Hoffnung auf Erfolg zu. Die Anzeichen mehren sich, dass die »Neupolitik von Xi/Li« in der Bevölkerung schon auf breite Unterstützung stößt und sich gegen Widerstände auf lokalen Ebenen durchsetzen können wird. Die ganze Welt ist gespannt, ob der Reformplan, den die Parteizentrale im November 2013 nach großen Konsensanstrengungen vorgelegt hat, sein Ziel für 2020 erreichen wird: mehr Marktwirtschaft, eine größere Unabhängigkeit der Justiz und mehr gesellschaftliche Freiheiten, aber stets im Rahmen der Parteienherrschaft.

Der Westen wird sich dem Schicksal einer permanenten Enttäuschung nicht entziehen können, wenn er stets »modernisierungstheoretisch« denkt, indem er nämlich davon ausgeht, dass die wirtschaftliche Liberalisierung in China zwangsläufig zur politischen Liberalisierung führen wird. Dass diese bislang ausblieb, ist kein Zufall, sondern eine von den politischen, wirtschaftlichen und gesellschaftlichen Eliten beabsichtigte Entwicklung. China im Rahmen der Umarmung der wirtschaftlichen Globalisierung zu einem politischen System nach westlichem Vorbild zu entwickeln war nie Bestandteil der chinesischen Reformpolitik. Im Gegenteil: Es war immer ihr Ziel, die Möglichkeit einer permanenten Prosperität ohne Öffnung der politischen Entscheidungsprozesse zu testen.

20 Jahre nach dem Untergang der Sowjetunion, dem symbolischen Triumph der liberalen Verfassungsstaaten über die unfreien kommunistischen Staaten, zeigen sich die westlichen Demokratien im Hinblick auf ihre eigene Zukunft erstaunlich unsicher. Diese Unsicherheit drückt sich ungewöhnlich massiv in der China-Angst aus, die sich angesichts des chinesischen Aufstiegs ständig intensiviert. Die Euphorie über das »Ende der Geschichte« wurde durch die Sorge um eine »Rückkehr der autoritären Regime« ersetzt. Das Gefühl, dass die Welt nicht, wie erwartet, in Richtung universal-liberaler Demokratie marschiere, verbreitet sich unter den Intellektuellen und Meinungsführern. Es wird befürchtet, dass die Staatenwelt sich doch in unterschiedliche herrschaftspolitische Lager polarisieren und eine neue Ära der Rivalität zwischen westlichen liberalen Demokratien und nicht westlichen, aber gefährlichen, autokratischen Regimen entstehen könnte. John Ikenberry, einer der führenden liberalen Denker der Vereinigten Staaten der Gegenwart, sprach sogar von deutlichen Anzeichen für die Entstehung einer »Autokratischen Internationale« *(autocrats international)*, angeführt von Russland und China. Man zeigt sich zwar zuversichtlich, dass die westlichen Demokratien den wahrgenommenen »Modellwettbewerb« am Ende gewinnen könnten, macht sich

jedoch Sorgen um die Dauerhaftigkeit des Weltfriedens im 21. Jahrhundert. Eine Welt, die durch eine demokratisch-autoritäre Divergenz gestaltet sei und durch herrschaftspolitischen Wettbewerb angetrieben werde, verspreche, so die liberale Befürchtung, mehr Konflikt- und Kriegsgefahren.[8]

Ob eine demokratisch-autoritäre Divergenz wirklich zu einem neuen Weltkrieg führen würde, wie die Anhänger der Theorien des »Demokratischen Friedens« unter Berufung auf Immanuel Kant postulieren,[9] sei dahingestellt. Für den Westen noch gravierender erscheint die von Chinas Entwicklungsmodell provozierte herrschaftspolitische Herausforderung: die Wiederbelebung autoritärer Regime.

Insgesamt betrachtet, dürfte die Zukunft des westlichen Demokratiemodells entscheidend von seiner Fähigkeit abhängen, sich weltweit zu verbreiten, also die noch nicht demokratischen Länder zur politischen Liberalisierung zu bewegen und deren Regierungssysteme zu demokratisieren. Gerade unter diesem Aspekt stellt China eine ernst zu nehmende Herausforderung dar.

Loretta Napoleoni weist darauf hin, dass das westliche Modernisierungsmodell im Zuge des chinesischen Dauerwachstums und der westlichen Serienkrisen zunehmend an Anziehungskraft verloren habe. Insbesondere für die Entwicklungsländer werde das Reich der Mitte mit seinem »besseren Kapitalismus« im Sinne eines politischen Autoritarismus in Verbindung mit wirtschaftlicher Freiheit immer attraktiver. »Wenn ich heute Ägypter wäre«, so fragte die französische Kommentatorin für Le Monde, »welches Wirtschaftsmodell würde ich übernehmen wollen, das westliche oder das asiatische? Würde ich den westlichen Politikern und Unternehmen vertrauen, die jahrzehntelang mit jenen oligarchischen Eliten Geschäfte gemacht haben, die mich unterdrückt und ausgeplündert haben – oder würde ich eher Politikern und Firmen aus den Schwellenländern vertrauen, Menschen, die noch vor wenigen Jahrzehnten ebenso arm und machtlos waren wie ich heute?«[10]

Die Zukunft des westlichen Demokratiemodells hängt daher entscheidend davon ab, ob dessen Verfechter es schaffen können, die autoritären Zentren wie Russland und China zu politischer Liberalisierung beziehungsweise Demokratisierung zu bewegen. Das Verhalten des Westens gegenüber Russland nun im Umgang mit China zu wiederholen wäre für die Zukunft des westlichen Demokratiemodells fatal. Russlands Rückkehr zum Autoritarismus, die nach Präsident Jelzins anfänglichen Demokratisierungsansätzen unter der Herrschaft des »lupenreinen Demokraten« Putin deutlich beschleunigt wurde, spiegelt sicher die Enttäuschung der Moskauer Regierungsklasse vom westlichen Verhalten gegenüber den russischen Großmachtinteressen wider. Es erklärt aber auch das Versagen der westlichen Demokratisierungspolitik gegenüber autoritären Zentren. Hierfür waren die überhebliche Euphorie über das »Ende der Geschichte« und die damit verbundene Leichtsinnigkeit und Naivität bei der Umgestaltung der russischen Herrschaftsstrukturen, die in ihrer Geschichte niemals ein liberales Element aufwiesen, mitverantwortlich.

Was die Möglichkeit betrifft, China zu einer Demokratie nach liberalem westlichen Vorbild zu bekehren, dürfte das Unterfangen noch größer und die Perspektive noch düsterer sein. Es liegt eine große und vor allem unüberwindbare staatsphilosophische Verwerfungslinie zwischen China und dem Westen.

Das unterschiedliche chinesische und westliche Denken über den Staat, über seine Funktion und über sein Verhältnis zur Staatsbevölkerung wird dafür sorgen, dass keine der beiden Seiten die Herrschaftsform der Gegenseite freiwillig annehmen wird. Wenn es eine grundsätzliche Denkweise gibt, die über Tausende von Jahren die politischen Dynastien Chinas überdauert hat und sich kategorisch vom Denkmuster des Westens unterscheidet, dann handelt es sich, wie bereits ausführlich diskutiert, um das Primat des Kollektivs. Im Gegensatz zum Primat des Individuums, das das philosophische, herrschaftspolitische und gesellschaftliche Denken und Verhaltensmuster des Westens charakterisiert, stellt das Primat des Kollektivs den zumindest theoretischen Bezugspunkt aller politischen und gesellschaftlichen Bestrebungen in China dar, die die politischen Entwicklungen des Landes seit der Begegnung mit dem Westen maßgebend beeinflusst haben.

Es bestehen erhebliche Zweifel, ob das chinesische Primat des Kollektivs und das westliche Primat des Individuums von ihrem inneren Zusammenhang her miteinander harmonisierbar beziehungsweise gegeneinander ausbalancierbar sind. Immerhin handelt es sich bei diesen beiden Postulaten um die zwei Schlüsselbegriffe, auf denen das unterschiedliche Verhältnis zwischen Individuum und Staat in China und im Westen beruht.

Allerdings würde Leibniz, wäre er noch am Leben, diese Aufgabe wohl nicht als unmöglich betrachten, nicht zuletzt, weil Konfuzianismus und Christentum für ihn nie einen Gegensatz dargestellt haben. Und vor dem Hintergrund seiner Idee einer »Europa-Mission der Chinesen in natürlicher Theologie als Pendant zur christlichen China-Mission in Offenbarungstheologie« müsste es dem Westen und China heute, in Zeiten der Digitalisierung mit ihren unbegrenzten Kommunikationsmöglichkeiten, weitaus leichter fallen, zwischen dem konservativ-kollektiven Denken Chinas und der liberal-individualistischen Gesinnung einen Bogen zu schlagen.

Leibniz war im 17. Jahrhundert in der Tat überzeugter von der Überbrückbarkeit der Unterschiede zwischen den chinesischen und abendländischen Grundwerten als die Chinesen und Westler des 21. Jahrhunderts. Ihnen fehlt offensichtlich die Vision, die Leibniz zu seinem Optimismus ermutigt hat: Die »geistigen Schätze« der beiden Weltteile, die auf unterschiedliche Weise hervorragend seien, sollten durch intensiven Austausch zu gegenseitiger Befruchtung führen. Es hat den Anschein, dass weder der Westen noch China gegenwärtig in der Lage sind, aus eigener Kraft ihre Zivilisation zu erneuern. Beide Seiten sind jeweils in ihrer eigenen Art »fundamentalistisch« geworden.

Während ein zu hoch angesetztes »Primat des Kollektivs« bei den Chinesen häufig die Befriedigung individueller Ansprüche blockiert, stört ein übertriebener Individualismus oft das kollektive Interesse und die öffentliche Ordnung in den westlichen Staaten. John F. Kennedys viel zitiertes Statement, man solle nicht fragen, »was der Staat für dich tun kann, sondern was du für den Staat tun kannst«, stammt zwar nicht aus dem Konfuzianismus, lässt sich aber auch konfuzianisch lesen. Wenn der Westen und China aufeinander zugehen und versuchen, jeweils ein Stück aus der zentralen Denkkategorie der Gegenseite zu übernehmen und es in das eigene Wertesystem zu integrieren, könnten sie vermutlich enorme Kräfte zur Erneuerung ihres jeweiligen Systems entfalten.

Das westliche Demokratiemodell hat nur eine Chance, sich im 21. Jahrhundert global durchzusetzen, wenn die repräsentativen Demokratien in ihren Heimatregionen – Westeuropa und Nordamerika – selbst stabil bleiben. Sie bedürfen offensichtlich einer qualitativen wie institutionellen Selbsterneuerung, um ihre zunehmende Anfälligkeit gegen demagogische und populistische Verheißungen abzubauen, die durch die Computer-Revolution beschleunigt wurde. Die Souveränität der politischen Führung durch vernünftige und verantwortliche Staatsmänner und Staatsfrauen sollte gegenüber den Möglichkeiten einer demagogischen und populistischen Verführung der Massenwählerschaft gestärkt werden.

Das Schicksal der »neuen Demokratien« in den Transformationsländern wird die globalen Zukunftsperspektiven des westlichen Demokratiemodells maßgebend beeinflussen, weil seine globale Übertragbarkeit im

21. Jahrhundert auf dem Spiel steht. Strategisch dienen die im Zuge der dritten Demokratisierungswelle errichteten Systeme in Ostasien, Osteuropa und Lateinamerika als herrschaftspolitische Pufferzonen oder Peripherien zu autoritären Zentren wie China und Russland. Gelingt es den westlichen liberalen Demokratien, den neuen Demokratien zu Konsolidierung und Prosperität zu verhelfen, stärken sie zugleich ihre Position im Systemwettbewerb mit den autoritären Zentren wie Russland und China.

Vor dem Hintergrund, dass die Idee einer autoritären Staatsordnung für viele Peripheriestaaten angesichts wachsender Entwicklungsaufgaben und Modernisierungsherausforderungen an Attraktivität gewinnt, wird die Dominanz der Staatenwelt durch liberale Demokratien wahrscheinlich nachlassen. Vor allem Chinas Modell des erfolgreichen »autoritären Kapitalismus« wirkt zunehmend attraktiv auf afrikanische und lateinamerikanische Staaten – ein Umstand, der das Reich der Mitte bei der Suche nach einem eigenen Weg der politischen wie der wirtschaftlichen Modernisierung noch bestärkt.

Das autoritäre China und die westlichen liberalen Demokratien können wohl tatsächlich nur durch gegenseitiges Lernen zu einer Annäherung kommen. In der Tat zwingt die Globalisierung beide Seiten nicht nur dazu, voneinander zu lernen, sondern zeigt ihnen auch die Lernrichtung. Denn die politische Zähmung der Globalisierung über nationale Grenzen hinweg kann nicht anders erreicht werden als durch einen globalen Ausgleich von Interessen und Wertvorstellungen. Dieser

Ausgleich, die »goldene Mitte«, kann nur durch einen Prozess des Voneinanderlernens entstehen, als gemeinsames Produkt der Lernenden, aber dennoch immer mit Blick auf die jeweiligen eigenen Bedürfnisse.

Jeder Versuch, eigene Wertvorstellungen als absolut richtig zu betrachten und gegen die andere Seite durchzusetzen, hätte lediglich eine realpolitische Lösung zur Folge. In diesem Sinne hat Huntington zu Recht die »Kämpfe der Kulturen« als die »größte Gefahr für den Weltfrieden« identifiziert und in Anlehnung an Lester Pearson erkannt, dass »unterschiedliche Zivilisationen lernen müssen, nebeneinander in friedlichem Austausch zu leben, voneinander zu lernen, die Geschichte, die Ideale, die Kunst und Kultur des anderen zu studieren, einander gegenseitig das Leben zu bereichern«[11].

Anmerkungen

1 Naß, a.a.O.
2 Zu dieser pessimistischen Schule vgl. stellvertretend: Chang, Gordon: *The Coming Collapse of China*, Random House: New York 2001.
3 Vgl. hierzu: Gilley, Bruce: If People Lead, Elites Will Follow, in: *Foreign Policy*, May/June 2006, unter: http://www.foreignpolicy.com.
4 Patalong, Frank: Umfrage zum Wohlstand: Armes Amerika, reiches China, in: *Spiegel-Online*, 15. Oktober 2011, unter: http://www.spiegel.de/wirtschaft/soziales/umfrage-zum-wohlstand-armes-amerika-reiches-china-a-791996.html.
5 Hirn, Wolfgang: Ein Volk macht mobil, in: *Manager-Magazin online*, 27. August 2013, unter: http://www.manager-magazin.de/unternehmen/artikel/alibaba-renren-und-baidu-verdraengen-google-fb-und-ebay-in-china-a-918668.html.

6 Heberer, Thomas: China – Entwicklung zur Zivilgesellschaft?, in: *Aus Politik und Zeitgeschichte*, 49 2006, S. 20–26, S. 21.
7 Vgl. hierzu: Pei, Minxin: The Dark Side of China's Rise, in: *Foreign Policy*, März/April 2006, S. 1–10.
8 Vgl. hierzu: Ikenberry, G. John: The Rise of China and the Future of the West, in: *Foreign Affairs*, 87 (1) 2008, S. 23–37.
9 Zum Theorem einer Korrelation zwischen Demokratie und internationalem Frieden vgl.: Doyle, Michael W.: Liberalism and World Politics, in: *American Political Science Review*, 80 (4) 1986, S. 1151–1169; Layne, Christopher: Kant or Cant: The Myth of the Democratic Peace, in: *International Security*, 19 (2) 1994, S. 5–49.
10 Napoleoni, a.a.O., S. 9.
11 Huntington, a.a.O., S. 530f.

Danksagung

Das Zeitalter der globalen Machtverschiebungen gestaltet das akademische Leben eines deutschen Ordinarius chinesischer Abstammung besonders spannend. Als Inhaber des Lehrstuhls für Politische Wissenschaft mit Schwerpunkt Internationale Beziehungen an der Universität Bonn bin ich in Vorlesungen und Seminaren ständig mit den Fragen wissbegieriger und kritischer Studierender konfrontiert, die das Verhältnis zwischen den etablierten Großmächten des Westens und der aufstrebenden Großmacht China berühren. In der Tat konnte ich viele meiner Ideen und Argumente in diesem Buch in den unzähligen produktiven Diskussionen mit meinen Bonner Studentinnen und Studenten des BA-Studiengangs »Politik & Gesellschaft« und des MA-Studiengangs »Politische Wissenschaft« entwickeln. Ihnen für ihre anregenden und kritischen Beiträge zu danken ist mir ein besonderes Anliegen.

Ohne die Initiative des Leiters der edition Körber-Stiftung, Bernd Martin, wäre dieser Essay nicht entstanden. Für seine hartnäckige Ermutigung zu diesem Buchprojekt danke ich ihm von Herzen. Ein besonderer Dank gebührt meiner Assistentin Krystin Unverzagt für ihre zahlreichen Recherchen, ihre konstruktive Kritik und unermüdliche Korrektur. Und meiner Lektorin Ulrike Fritzsching danke ich aufs Herzlichste für ihre wertvollen Verbesserungsvorschläge.

Ich widme das Buch meinen Kindern Weilong Michael und Weiting Melanie. Sie gehören einer Generation an, die die Konsequenzen der globalen Machtverschiebungen im 21. Jahrhundert friedlich und konstruktiv für die Menschheit auszutragen hat. Möge diese Generation besser in der Lage sein, die Entfremdung zwischen dem Reich der Mitte und dem Westen zu überwinden.

Literaturverzeichnis

Agence France-Press: Neue Uno-Prognose. Weltbevölkerung wächst schneller als erwartet, in: *Spiegel Online*, 13. Juni 2013, unter http://www.spiegel.de/wissenschaft/mensch/neue-prognose-weltbevoelkerung-waechst-schneller-als-erwartet-a-905630.html, zuletzt aufgerufen am 24.09.13.

Anderson, Craig A./Bushman, Brad J.: Human Aggression, in: *Annual Review of Psychology*, 53 2002, S. 27–51.

Baldwin, David: Power Analysis and World Politics. New Trends versus Old Tendencies, in: *World Politics*, 31 (2) 1979, S. 161–194.

Bandura, Albert: *Aggression. A Social Learning Analysis*, Englewood Cliffs: New Jersey 1973.

Beasley, W. G.: *The Rise of Modern Japan*, Phoenix: London ³2000.

Boucher, David: *Political Theories of International Relations*, Oxford University Press: Oxford 1998.

Carr, Edward: *The Twenty Years' Crisis 1919–1939*, Macmillan: London ²1951.

Chang, Gordon: *The Coming Collapse of China*, Random House: New York 2001.

Chinabilder im 21. Jahrhundert: Außenpolitischer Kampf der Kulturen?, in: *ICC Portal*, unter http://interculturecapital.de/chinabilder-im-21-jahrhundert-ausenpolitischer-kampf-der-kulturen, zuletzt aufgerufen am 10.09.13.

China trumpft auf, in: *DIE ZEIT*, 13. Januar 2011, Nr. 3, unter http://www.zeit.de/2011/03/01-China-USA-Europa.

Cochran, Molly: Charting the Ethics of the English School: What »Good« is There in a Middle-Ground Ethics?, in: *International Studies Quarterly*, 53 (1) 2009, S. 203–225.

Dalai Lama: The Karma of the Gospel, in: *Newsweek*, 13/2000, S. 76.

Di Fabio, Udo: Die Last der Freiheit, in: *Frankfurter Allgemeine Zeitung*, 16. September 2013, S. 7.

Doyle, Michael W.: Liberalism and World Politics, in: *American Political Science Review*, 80 (4) 1986, S. 1151–1169.

Dunne, Tim/Kurki, Milja/Smith, Steve (Hrsg.): *International Relations Theories*, Oxford University Press: Oxford 2007.

Fan, Cindy C./Sun, Mingjie: Regional Inequality in China, 1978–2006, in: *Eurasian Geography and Economics*, 49 (1) 2008, S. 1–20.

Finsterbusch, Stephan: Rekord in Fernost. China baut den schnellsten Computer der Welt, in: *Frankfurter Allgemeine Zeitung*, 18. Juli 2013, unter http://www.faz.net/aktuell/wirtschaft/netzwirtschaft/rekord-in-fernost-china-baut-den-schnellsten-computer-der-welt-12224947.html, zuletzt aufgerufen am 17.11.2013.

Forbes: Global 2000 Leading Companies, unter http://www.forbes.com/global2000/list/, zuletzt aufgerufen am 17.11.2013.

Friemuth, Cay: *Friedrich der Große und China*, Wehrhahn Verlag: Hannover 2012.

Fukuyama, Francis: Ich oder die Gemeinschaft, in: *DIE ZEIT*, 11. November 1999.

Geinitz, C. u. a.: Europas Banken verlieren an Bedeutung, in: *Frankfurter Allgemeine Zeitung*, 13. April 2012, S. 14.

Gilley, Bruce: If People Lead, Elites Will Follow, in: *Foreign Policy*, May/June 2006, unter: http://www.foreignpolicy.com.

GlobeScan/PIPA: Global Views of United States Improve While Other Countries Decline, BBC World Service Poll 2010, S. 1.

Griffiths, Martin: *Fifty Key Thinkers in International Relations*, Routledge: London und New York 1999.

Gu, Xuewu: *Konfuzius zur Einführung*, Junius: Hamburg ²2008.

Gu, Xuewu: The Future of US-China Relations, in: *Vita Pensiero*, XCIII (3) 2010, S. 8–18.

Gu, Xuewu: Strukturelle Macht: eine dritte Machtquelle?, in: *Österreichische Zeitschrift für Politikwissenschaft*, 2 2012, S. 259–275.

Halper, Stefan: *The Beijing Consensus. How China's Authoritarian Model Will Dominate the Twenty-First Century*, Basic Books: New York 2010.

Heberer, Thomas: China – Entwicklung zur Zivilgesellschaft?, in: *Aus Politik und Zeitgeschichte*, 49 2006, S. 20–26.

Herzog, Roman: *Menschrechtsdialog zwischen Deutschland und China*. Ansprache anlässlich eines Abendessens zu Ehren des Präsidenten der Volksrepublik China auf Schloss Augustusburg in Brühl am 13. Juli 1995, unter: http://www.bundespraesident.de/SharedDocs/Reden/DE/Roman-Herzog/Reden/1995/07/19950713_Rede.html, zuletzt aufgerufen am 8.11.2013.

Hippler, Jochen: Anmerkungen zu einem interkulturellen Dialog zwischen dem Westen und dem Nahen und Mittleren Osten, in: http://www.jochenhippler.de/html/anmerkungen_zu_einem_interkulturellen_dialog.html (Stand: 22.10.03), zuletzt aufgerufen am 17.10.13.

Hirn, Wolfgang: Ein Volk macht mobil, in: *Manager-Magazin online*, 27.08.2013, unter: http://www.manager-magazin.de/unternehmen/artikel/alibaba-renren-und-baidu-verdraengen-google-fb-und-ebay-in-china-a-918668.html.

Hochmut kommt vor dem Fall, Leserkommentar vom 16. Juli 2010 zu: Matthias Naß: Chinas Vorbild: China, in: *DIE ZEIT*, 15. Juli 2010, Nr. 29, unter http://www.zeit.de/2010/29/China, zuletzt aufgerufen am 24.09.13.

Huntington, Samuel P.: *Kampf der Kulturen. Die Neugestaltung der Weltpolitik im 21. Jahrhundert*, Europaverlag: München 1996.

Ikenberry, G. John: The Rise of China and the Future of the West, in: *Foreign Affairs*, 87 (1) 2008, S. 23–37.

Keohane, Robert O./Nye, Joseph S.: *Power and Interdependence. World Politics in Transition*, Little: Boston 1977.

Kim, Dae Jung: Is Culture Destiny? The Myth of Asia's Anti-Democratic Values, in: *Foreign Affairs*, 73 (6) 1994, S. 189–194.

Kindermann, Gottfried-Karl: *Der Aufstieg Ostasiens in der Weltpolitik 1840–2000*, Deutsche Verlags-Anstalt: Stuttgart und München 2001.

Kissinger, Henry: *China zwischen Tradition und Herausforderung*, C. Bertelsmann Verlag: München 2011.

Klau, Thomas: Modell für Milliarden, in: *Internationale Politik*, 67 (1) 2012, S. 31–35.

Kolonko, Petra: Kämpft für die Abspaltung Korsikas!, in: *Frankfurter Allgemeine Zeitung*, 16. April 2008.

Kongzi (Konfuzius): *Lunyu (Die Gespräche)*, IX 11, in: Sishu Duben (Nachdruck), Taipeh 1987.

Kühnhardt, Ludger: *Die Universalität der Menschenrechte*, Bundeszentrale für Politische Bildung, Bonn 1987, S. 229.

Layne, Christopher: Kant or Cant: The Myth of the Democratic Peace, in: *International Security*, 19 (2) 1994, S. 5–49.

Lehmkuhl, Ursula (Hrsg.): *Theorien Internationaler Politik. Einführung und Texte*, 2. verb. Auflage, Oldenbourg Wissenschaftsverlag: München und Wien 1997.

Li, Lianqing u.a.: *Zhongguo Waijiao Yanyi* (Kommentierte Geschichte der Diplomatie Chinas), Beijing 1995.

Lim, Robyn: *The Geopolitics of East Asia*, Routledge: London und New York 2005.

Linklater, Andrew: The achievements of critical theory, in: Smith, Steve/Booth, Ken/Zalewski, Marysia (Hrsg.): *International Theory*. Positivism and Beyond, Cambridge University Press: Cambridge 1996, S. 279–298.

Linklater, Andrew: Marxism, in: Burchill, Scott/Linklater, Andrew (Hrsg.): *Theories of International Relations*, Macmillan: London 1996, S. 119–144, S. 137.

Luhmann, Niklas: *Soziale Systeme*. Grundriss einer allgemeinen Theorie, Suhrkamp: Frankfurt am Main 1984.

Luhmann, Niklas: *Ökologische Kommunikation*, Westdeutscher Verlag: Opladen ²1986.

Marty, Martin: The Long Road to Reconciliation, in: *Newsweek*, 13/2000.

Moïsi, Dominique: Wie der Westen sich gegen China behaupten kann, in: *Die Welt*, 25. Juli 2012, unter http://www.welt.de/debatte/die-welt-in-worten/article108378679/Wie-der-Westen-sich-gegen-China-behaupten-kann.html, zuletzt aufgerufen am 25.7.2012.

Napoleoni, Loretta: *China: Der bessere Kapitalismus*. Was der Westen vom Reich der Mitte lernen kann, Orell Füssli Verlag: Zürich 2012.

Naß, Matthias: Chinas Vorbild: China, in: *DIE ZEIT*, 15. Juli 2010, Nr. 29.

Norrlof, Carla: *America's Global Advantage*. US Hegemony and International Cooperation, Cambridge University Press: New York 2010.

Nye, Joseph S.: Soft Power, in: *Foreign Policy*, 80 1990, S. 153–171.

Osten, Manfred: Unveröffentlichter Vortrag, gehalten am 28. November 2011 beim Internationalen Club in Bonn.

Osterhammel, Jürgen: China und der Westen im 19. Jahrhundert, in: Herrmann-Pillath, Carsten/Lackner, Michael (Hrsg.): *Länderbericht China*. Politik, Wirtschaft und Gesellschaft im chinesischen Kulturraum, Bundeszentrale für Politische Bildung: Bonn 1998, S. 102–117.

Patalong, Frank: Umfrage zum Wohlstand: Armes Amerika, reiches China, in: *Spiegel Online*, 15. Oktober 2011, unter: http://www.spiegel.de/wirtschaft/soziales/umfrage-zum-wohlstand-armes-amerika-reiches-china-a-791996.html.

Pei, Minxin: The Dark Side of China's Rise, in: *Foreign Policy*, März/April 2006, S. 1–10.

Pekinger Wirtschaftsreform gegen Ungleichheit: Staat will Chinesen ein bisschen gleicher machen, in: *Sueddeutsche Zeitung*, 6. Februar 2013, unter http://www.sueddeutsche.de/wirtschaft/pekinger-wirtschaftsreform-gegen-ungleichheit-staat-will-chinesen-ein-bisschen-gleicher-machen-1.1592640, zuletzt aufgerufen am 17.11.2013.

Pohl, Karl-Heinz: Zwischen Universalismus und Relativismus. Menschenrechte und interkultureller Dialog mit China, in: *Occasional Paper Nr. 5 der Arbeitsgemeinschaft Menschenrechte*, Universität Trier 2002.

Pohl, Karl-Heinz: Im Blick auf das sinistre, böse China, Leserbrief in: *Frankfurter Allgemeine Zeitung*, 14. November 2011, Nr. 265.

Poser, Hans: Leibnizens »Novissima Sinica« und das europäische Interesse an China, in: Li, Wenchao/Poser, Hans (Hrsg.): *Das Neueste über China. G.W. Leibnizens »Novissima Sinica« von 1697*, Franz Steiner Verlag: Stuttgart 2000, S. 11–28.

Reid, T. R.: Confucius Says: Go East, Young Man. Many Asians Now Think Their Lives and Values Are Better Than »the American Way«, in: *Washington Post*, 19. November 1995.

Rudolph, Jörg M.: Eine harmonische Welt, in: *Frankfurter Allgemeine Zeitung*, 8. November 2011, Nr. 260, S. 9.

Sandschneider, Eberhard: *Der erfolgreiche Abstieg Europas. Heute Macht abgeben, um morgen zu gewinnen*, Hanser Verlag: München 2011.

Sartori, Giovanni: *Demokratie-Theorie*, Wissenschaftliche Buchgesellschaft: Darmstadt 1992.

Schmidt, Helmut: *Nachbar China. Helmut Schmidt im Gespräch mit Frank Sieren*, Econ: München 2007.

Schmidt-Glintzer, Helwig: Wachstum und Zerfall des kaiserlichen China, in: Herrmann-Pillath, Carsten/Lackner, Michael (Hrsg.): *Länderbericht China. Politik, Wirtschaft und Gesellschaft im chinesischen Kulturraum*, Bundeszentrale für Politische Bildung: Bonn 1998.

Schoettli, Urs: Was Europa von Asien lernen kann: Die

asiatische Herausforderung als Chance zur Erneuerung und zur Abkehr vom Anspruchsdenken, in: *Neue Zürcher Zeitung*, 5./6. Januar 2008, S. 13.

Schweller, Randall L./Pu, Xiaoyu: After Unipolarity. China's Visions of International Order in an Era of U.S. Decline, in: *International Security*, 36 (1), S. 41–72.

Senghaas, Dieter: Über asiatische und andere Werte, in: *Leviathan*, 1 1995, S. 5–13.

Shambaugh, David: *China Goes Global*. The Partial Power, Oxford University Press: New York 2013.

Spence, Jonathan D.: *Chinas Weg in die Moderne*, Hanser: München 1995.

Spengler, Oswald: *Der Untergang des Abendlandes*. Umrisse einer Morphologie der Weltgeschichte, ungekürzte Ausgabe, Deutscher Taschenbuch Verlag: München ^{17}2006.

Stiftung Mercator: *Aufklärung im Dialog*. Eine deutsch-chinesische Annäherung, Essen 2013.

Spionage: Bespitzeln made in China, in: *FOCUS Magazin* Nr. 9 2013.

Strange, Susan: *The Retreat of the State*. The Diffusion of Power in the World Economy, Cambridge University Press: Cambridge 1996.

Streit über China-Bild deutscher Medien, in: *evangelisch.de*, Bericht vom 15. Oktober 2009, unter http://www2.evangelisch.de/themen/medien/streit-ueber-china-bild-deutscher-medien, zuletzt aufgerufen am 10.09.13.

Tu, Weiming: The Ecological Turn in New Confucian Humanism: Implications for China and the World, in: *Daedalus, Journal of the American Academy of Arts and Sciences*, 130 (4) 2001.

Vincent, R. John: Hedley Bull and Order in International Politics, in: *Millennium: Journal of International Studies*, 17 (2) 1988, S. 195–213.

Wagner, Rudolf G.: China: Vom Quell zum Objekt der Aufklärung, in: Stiftung Mercator (Hrsg.): *Aufklärung im Dialog*. Eine deutsch-chinesische Annäherung, Essen 2013, S. 48–63.

Wallerstein, Immanuel: *World-System Analysis*, Duke University Press: Durham und London 2004.

Wandel deutscher Chinabilder: Annäherung oder Entfremdung?, in: *ICC Portal*, unter http://interculturecapital.de/wandel-deutscher-chinabilder-annaherung-oder-entfremdung-13, zuletzt aufgerufen am 10.09.13.

Weede, Erich: *Asien und der Westen*. Politische und kulturelle Determinanten der wirtschaftlichen Entwicklung, Nomos-Verlagsgesellschaft: Baden-Baden 2000.

Weggel, Oskar: *Die Asiaten*, Deutscher Taschenbuch Verlag: München ²1997.

Weggel, Oskar: Gefahr oder Chance? Die Begegnung mit Asien, in: Gu, Xuewu (Hrsg.): *Europa und Asien. Chancen für einen interkulturellen Dialog?* ZEI: Bonn 2000, S. 27–56.

Wendt, Alexander: Constructing International Politics, in: *International Security*, 20 (1) 1995, S. 71–81.

Wendt, Alexander: *Social Theory of International Politics*, Cambridge University Press: Cambridge 1999.

Widmaier, Rita (Hrsg.): *Gottfried Wilhelm Leibniz: Der Briefwechsel mit den Jesuiten in China (1689–1714)*, Verlag Felix Meiner: Hamburg 2006.

Wolff, Christian: *Rede über die praktische Philosophie der Chinesen*, vom Lateinischen ins Deutsche übersetzt, eingeleitet und herausgegeben von Michael Albrecht, Verlag Felix Meiner: Hamburg 1985, S. XLIV.

Yale Center for Environmental Law and Policy/Center for International Earth Science Information Network: 2008 Environmental Performance Index, unter http://epi.yale.edu/, S. 15.

Zhang, Qianfan: *The Constitution of China*, Hart Publishing: Oxford 2012.